Mulher

E SEU UNIVERSO

COMO SER VOCÊ MESMA COM SABEDORIA, CORAGEM E SEM CULPA

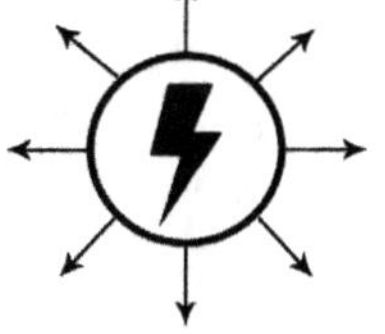

DÉBORA SABONGI

Mulher

E SEU UNIVERSO

COMO SER VOCÊ MESMA COM SABEDORIA, CORAGEM E SEM CULPA

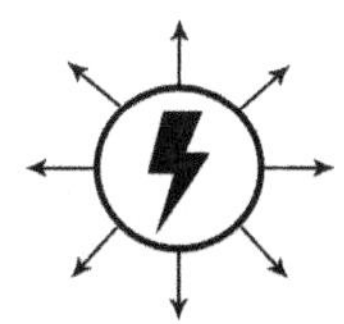

Dados Internacionais de Catalogação na Publicação (CIP)
(Câmara Brasileira do Livro, SP, Brasil)

Sabongi, Débora
Mulher e seu universo : como ser você mesma com sabedoria, coragem e sem culpa / Débora Sabongi. -- 1. ed. -- São Paulo : Ed. da Autora, 2025.

ISBN 978-65-01-43198-7

1. Autoconhecimento (Psicologia)
2. Desenvolvimento pessoal 3. Mulheres - Aspectos psicológicos 4. Mulheres - Comportamento 5. Mulheres - Conduta de vida 6. Mulheres - Identidade 7. Psicologia comportamental I. Título.

25-266813   CDD-155.633

Índices para catálogo sistemático:

1. Mulheres : Autoconhecimento : Desenvolvimento pessoal : Psicologia   155.633
Aline Graziele Benitez - Bibliotecária - CRB-1/3129

contato@deborasabongi.com.br
www.deborasabongi.com.br

DEDICATÓRIA

Para todas as mulheres que se dedicam a essa aventura única de autenticidade, preservando sua essência e a força de serem quem realmente são. Este livro é dedicado a cada uma de vocês que, com coragem, se entregam ao encontro com si mesmas, equilibrando a força e a ternura de ser mulher. Vocês são a inspiração para cada linha aqui escrita.

E, com especial carinho, às mulheres que moldaram e enriqueceram a minha própria história: minhas mães, tias, irmãs, amigas, primas, sobrinhas, mentorandas e pacientes.

Que cada página deste livro seja como a presença de vocês em minha vida; uma lembrança de que não estamos sozinhas nesse caminho de descoberta e aceitação.

NOTA DA AUTORA

Quando decidi escrever este livro, minha primeira reação foi convocar a psicóloga. Aquela que escuta, acolhe, entende os mapas internos e tenta, com delicadeza e firmeza, iluminar caminhos. Mas bastou sentar diante da página em branco para perceber que, antes de psicóloga, vinha a mulher.

Porque é sempre assim, não é?

Antes de qualquer papel que a gente desempenha (filha, mãe, profissional, esposa, cuidadora, conselheira, multitarefas de mil jornadas), existe uma mulher. Inteira, imperfeita, às vezes exausta, às vezes deslumbrante, mas sempre tentando se reencontrar. Aquela que tropeça nas próprias expectativas, que já carregou culpas desnecessárias, que tentou caber em moldes alheios e precisou, como tantas de nós, desaprender algumas crenças para lembrar quem era de verdade.

Este livro nasceu dessa essência. De tudo o que vi, ouvi, vivi. Das histórias que passaram pelo meu consultório, mas também daquelas que passaram pela minha vida. Foi escrito com a escuta da terapeuta, sim, mas também com o coração da mulher que já precisou aprender a olhar para os próprios erros com honestidade (sem crueldade), abraçou sua vulnerabilidade e que, em algum ponto do caminho, escolheu seguir mais leve, sem o peso da culpa. E essa mulher, claro, também é psicóloga, terapeuta, filha, esposa, romancista... um pouco de tudo, como somos todas.

Espero que, ao longo dessas páginas, você se sinta em boa companhia. Que encontre aqui acolhimento, provocações suaves, reflexões sinceras e, acima de tudo, a lembrança de que "se conhecer" não é um destino: é um caminho. E que você tem o direito de percorrê-lo em paz, com mais leveza, mais verdade e menos autocobrança.

Que cada página te lembre da força suave que habita em você.

Com carinho,

Débora Sabongi

Sumário

INTRODUÇÃO

Imagine-se diante de uma xícara de café, em um daqueles momentos de pausa em que, por um instante, o mundo desacelera. É aí que eu gostaria de te convidar para esta leitura, como se estivéssemos realmente conversando, de mulher para mulher, explorando as histórias e os desafios emocionais que compõem nosso universo interior.

Neste livro, cada capítulo, cada página, é um convite para olhar para dentro, para descobrir ou redescobrir partes de nós mesmas que, muitas vezes, esquecemos ou deixamos de lado na correria do dia a dia.

Assim como o universo físico que Tesla vislumbrava – um cosmos em expansão, cheio de mistérios e segredos desvendados aos poucos –, a mulher possui um universo que também é vasto e sempre mutante. Por mais que algumas vezes ele seja assustador, há algo quase mágico nas transformações que vivemos ao longo da vida, cada fase com suas mudanças, desafios e redescobertas. E, tal como as teorias científicas que se renovam conforme novas descobertas surgem, nós também passamos por revisões constantes em nossas vidas, ajustando nossas percepções, mudando nossas verdades e evoluindo em nossa essência. Ou pelo menos, era assim que deveríamos estar... sempre evoluindo.

Aqui, você encontrará relatos, reflexões e histórias inspiradas em experiências que podem ressoar com a sua própria trajetória. Algumas partes serão como um espelho, e você talvez pense: *"Isso foi escrito para mim."* Outras passagens podem parecer distantes, talvez não façam tanto sentido no momento. E tudo bem, pois somos diferentes, e cada uma de nós traz um universo único dentro de si. O importante é que você possa absorver o que é valioso para você, transformando as palavras em combustível para sua saúde emocional e para seu próprio amadurecimento.

Pense em cada página como uma conversa, entre risos e reflexões, com o humor leve e a leveza que uma boa troca proporciona. Este é um livro de uma mulher para outras mulheres, e, embora os nomes dos exemplos em todas as histórias sejam fictícios, as emoções que os compõem são profundamente reais. Aqui não há certo ou errado, apenas o fluxo natural de uma conversa que percorre nossos desafios mais íntimos, passando por temas que, talvez, você nunca tenha discutido abertamente.

O meu desejo sincero é que, ao se deparar com cada palavra, você se sinta à vontade para refletir, rir, se emocionar e, acima de tudo, se reconhecer. Há uma força impressionante em olhar para dentro, e este livro é uma oportunidade para fazermos isso juntas. A intenção é provocar questionamentos, sim, mas de uma maneira que te incentive a continuar buscando. E que cada novo *insight* seja um passo a mais para que você assuma as rédeas da sua própria história.

Então, que tal tomarmos um gole desse café, um chá ou até um vinho se preferir, e embarcarmos juntas nesse universo sem limites?

Espero que juntas possamos explorar a expansão constante do nosso 'eu interior', reavaliando, como as estrelas no cosmos, o que faz de nós quem somos e o que nos inspira a continuar evoluindo.

1

SAIA DA ZONA PERDIDA – RETOME A DIREÇÃO DA SUA VIDA

"As mulheres fortes não nascem prontas; elas se tornam fortes à medida que aceitam suas vulnerabilidades."
Carl Rogers

Capítulo 1

Houve um dia, lá no passado, que sabíamos exatamente onde queríamos chegar. O que queríamos conquistar na vida, alcançar, produzir e vivenciar. E então, a vida acontece! Com seus altos e baixos. Uma montanha-russa interminável de desafios e emoções que nos provoca a desenvolver habilidades para lidar com as frustrações, obstáculos e até mesmo com as consequências emocionais do sucesso em nossas vidas.

Em algum ponto destas subidas e descidas é que muitas mulheres se perdem, envolvidas pelo cansaço, ansiedade descontrolada, desânimo ou medo. Aos poucos, aquela mulher cheia de vontade e energia para conquistar seu lugar no mundo, vai assumindo tantos compromissos que não sobra espaço (nem tempo) para cuidar de si, de seus objetivos e de sua vida.

A vida vai passando e depois de alguns anos, talvez nem se lembre mais como era, o que queria e as características de sua personalidade que a tornavam única e especial.

Durante algum tempo, eu também me senti perdida. Tinha a sensação de estar sentada olhando para uma estrada sem indicativos de onde eu tinha vindo ou para aonde eu poderia ir. E enquanto eu estava estacionada, vivenciava um misto de emoções que se alternavam e, às vezes, coexistiam. Nesse lugar, a gente chora, lamenta, grita, nega que está perdida e parada, se acomoda, finge que está feliz onde está, fica com raiva do mundo e de nós mesmas etc. Tudo isso em um único lugar – no **nosso universo interior.**

Parece estranho ou você também já se sentiu assim?

Muitas mulheres passam por isso e felizmente algumas conseguem resgatar sua essência, redefinir os caminhos e alcançar uma vida mais saudável e positiva.

É neste ponto que pretendo construir nossa conversa, através deste livro. Sobre como podemos também restaurar nossas forças e assumir a direção das nossas vidas. É possível sair deste labirinto interminável (quase cômodo)? Como quebrar o ciclo da repetição de dias (ou anos) vivenciados no modo automático, sem perspectivas de um futuro mais confortante?

Independente do lugar que você se encontra, saiba que é possível transformar a sua vida, ter mais qualidade e se sentir feliz. Porém, precisamos ter a noção de que, nem sempre, tudo sairá exatamente como planejamos e que talvez seja necessário não ser tão rígida com as críticas em relação aos nossos esforços.

Uma das estratégias que me ajudou a sair da <u>zona perdida</u> foi o seguinte pensamento:

> ***Se sentir perdido não seria algo natural para quem deseja chegar em um lugar aonde nunca foi?***

Eu pensei que se eu encarasse toda aquela experiência como algo natural, talvez o peso e sensação de fracasso poderia sair das minhas costas. E então, ao mudar o meu olhar, a minha mente poderia reencontrar o caminho.

Vamos pensar juntas: quem nunca se perdeu tentando chegar em algum lugar? Quem nunca, mesmo com o endereço nas mãos e a ajuda de um GPS não se perdeu no meio do caminho? Você conhece alguma pessoa que já passou por isso?

Alguém aí levantou a mão? Pois é....

Às vezes você se perde, estaciona o carro, pede ajuda ou retorna para recomeçar. Ou seja, se perder é natural, mas não precisarmos acreditar que ficaremos perdidos a vida inteira. O pior cenário seria se nos perdêssemos para sempre. Claro que não vamos entrar em uma floresta que não conhecemos, sem um guia, sem preparo e sem uma bússola.

Para chegar onde queremos, precisamos ter coerência e responsabilidade. Além é claro, do senso de realidade a respeito das nossas habilidades desenvolvidas para alcançar o que desejamos. Se perder é um risco, mas não precisa ser uma parada final. Pode significar apenas que precisamos rever nosso preparo e assumir novas perspectivas quanto ao que realmente é importante em nossas vidas.

Quando a gente se perde, às vezes só precisamos recalcular o caminho e assim encontrar o lugar que tanto desejamos chegar. O importante é não perder o foco e ter em mente aonde, de fato, queremos ir.

O que mais nos sabota é que, na maioria das vezes, não conseguimos pensar com clareza. Nossa mente está tão turva, repleta de pensamentos e vozes negativas, que mal conseguimos perceber que nos perdemos de fato. E quando nos deparamos com a realidade, desperdiçamos tempo olhando para o lado errado da estrada. No lugar de recalcular a rota e seguir, ficamos pensando no erro, olhando para ele, esperando que o erro sozinho, sem nosso esforço, nos traga uma solução.

É incrível como geralmente, nós temos o costume de fixar nossa mente nas escolhas ruins do passado: na rua que não deveríamos ter entrado, no lugar que não deveríamos ter parado, no tempo gasto naquele desvio que seria somente de alguns "minutinhos" e se tornaram longos anos. Lamentamos, lamentamos e lamentamos. Atraindo ainda mais peso para nossa mente e nos enchendo de emoções e pensamentos que, aos poucos, nos destrói.

E para quebrar este ciclo, precisamos olhar para o outro lado da estrada e seguir em frente. Descobrir o que precisa ser ajustado para darmos o impulso inicial, que poderá nos levar ao objetivo que tanto almejamos. Não adianta ficar olhando para trás, se queixando do erro cometido, ou suspirando arrependida, ruminando e criando na mente novas versões de um passado que não vamos ter chances de modificar. Não temos uma máquina do tempo! (Pelo menos, até o momento não a criaram ainda.)

Lembre-se que o erro só deveria nos servir como experiência. Ah, eu sei que não é fácil pensar assim. Conheço bem o peso do passado, geralmente repleto de fantasmas e, claro, carregado daquela cola grudenta que insiste em nos prender lá. Sabe aqueles pedaços de chiclete que ficam presos no sapato e, por mais que você tente desgrudar, ele não sai? Pois é, às vezes é assim a sensação de lidar com o passado. Porém, chega uma hora em que a gente precisa respirar fundo e achar uma forma de resolver. Talvez pegando uma espátula imaginária e ir se soltando, devagar, mas de maneira firme e decidida. Soltar o passado não é fácil, eu sei, mas acredite é o único jeito de caminhar para frente, se sentido mais leve e mais livre.

Portanto, olhe para ele, para perceber onde errou, reajuste seus planos e siga seu caminho. Você pode até chorar um pouquinho, afinal somos humanos, sentimos raiva, lamentamos e nos frustramos. A questão não é <u>resistir para não sentir</u>, mas aprender que **sentir tudo isso é natural**. E que só precisamos descobrir formas mais saudáveis de lidar com todo esse movimento emocional que nos invade ao cometer um erro.

Respire fundo...

2

A SUA ESCOLHA PODE LIMITAR OU LIBERTAR VOCÊ

Capítulo 2

Todas nós já experimentamos, em algum momento, a sensação de não ter feito uma boa escolha. Quantas vezes não desejamos voltar ao passado e ter a oportunidade de abrir uma porta completamente diferente daquela que, em determinada época, decidimos seguir? As escolhas fazem parte das nossas vidas. E não vamos conseguir nos livrar delas. Por mais que digamos: "não preciso escolher". Enfim, já teremos feito uma escolha, porque afinal não escolher é também uma maneira de decidir lidar com uma situação. Já parou para pensar nisso?

Às vezes, fazemos escolhas que podem nos deixar inseguras ou até mesmo nos fazer sentir que perdemos um pedaço de nós mesmas. Você também já se sentiu assim?

A grande lição, de qualquer experiência sobre as decisões que tomamos, é que essas escolhas (sejam ruins ou arriscadas) são parte fundamental do nosso crescimento e da nossa experiência de vida.

Temos tanto medo de errar! A maioria de nós, se lamenta durante anos e esquecemos que os erros também nos mostram <u>o que não queremos</u> na vida. Acabamos aprendendo valiosas lições sobre nós mesmas, que nos motivam a tomar decisões mais alinhadas com nossos valores e reais desejos.

As nossas escolhas podem nos limitar ou libertar. E não estou falando sobre o "certo ou errado" diante do que precisa ser definido. Refiro-me ao modo como reagimos e lidamos com as consequências advindas desta decisão, sejam elas positivas ou não. O significado e o peso que atribuímos ao que nos acontece, depois de escolher, irão definir se ficaremos estagnadas diante da adversidade ou se iremos explorar o desconhecido como uma rica fonte de amadurecimento pessoal e autodescoberta.

Vários estudos apontam que o nosso cérebro, diante de situações desafiadoras ou ameaçadoras, desenvolve reações instintivas de <u>luta, fuga ou congelamento</u>. Essas são respostas que o nosso cérebro desenvolveu ao longo de milênios, para nos proteger de ameaças reais, e constituem uma parte fundamental de nossa natureza humana. No passado esses comportamentos (luta, fuga ou congelamento) provavelmente salvaram a nossa espécie dos predadores e demais momentos de perigo. No entanto, na época atual, muitas vezes, essas respostas podem se manifestar em situações que não representam uma ameaça iminente. Muito do que sentimos com a ansiedade pode ser explicado por situações em que não se tem uma ameaça de vida real, mas nosso cérebro produz reações mentais e fisiológicas, em uma proporção distorcida, como se estivéssemos enfrentando algo que poderia encerrar a nossa vida (como apresentar um trabalho na escola, desafios na profissão, problemas de relacionamento ou até mesmo situações de estresse do dia a dia).

Imagine alguém que precisa apresentar um projeto (ou trabalho na faculdade). Ela se prepara, estuda e sabe o conteúdo tão bem, que sua apresentação seria algo muito fácil. Porém, por causa do medo (do público, de fracassar, de não se sentir aprovada, de não agradar), minutos antes de começar a apresentação, ela sente sua mão ficar suada, seu coração dispara como se fosse entrar em colapso. Respirar se torna uma atividade difícil. *"Será que não tem oxigênio bastante aqui?"* Seus pensamentos de medo e insegurança invadem sua mente como um tsunami, derrubando e arrastando qualquer condição de se sentir bem e saudável.

Para esta pessoa, o medo criou um cenário que sua mente captou como sendo um "perigo de vida". E então, (a mente) começou um processo de avisar sobre os perigos, desenvolvendo estratégias de sobrevivência. Agora, vamos pensar melhor. Ao apresentar o trabalho, o risco de vida era um "perigo real". Bem, acreditamos que não, não é mesmo? Então, aqui está um exemplo comum do quanto a nossa mente pode distorcer os cenários, a ponto de acreditar e nos fazer sentir que "algo ruim irá acontecer", que é preciso fugir, lutar ou congelar para não morrer.

E você pode até pensar: *"Mas existiam alguns perigos? A pessoa não estava sentindo isso à toa."* Sim, é verdade, "os perigos" vão existir. Perigo de esquecer parte do texto; de não saber responder alguma pergunta da plateia; de tropeçar no palco; a apresentação não agradar a todos.

Entretanto, não é sobre o que pode ou não acontecer. É sobre a proporção emocional mais próxima da realidade. Ou seja, é adquirirmos a habilidade de reagir e agir proporcionalmente a situação. Sem exceder nossas reservas de energias, sem forçar a mente ou o corpo como se fossemos entrar em guerra, sem que aconteça uma desregulação emocional que nos leve à ruína física e mental.

É importante reconhecer que cada uma de nós pode ter uma tendência mais forte a uma dessas respostas (lutar, fugir ou congelar), e isso é completamente normal. E não, elas não são respostas "ruins". Elas são respostas válidas até hoje (lembrando da proporção da situação). O que é necessário é perceber que podemos desenvolver a capacidade de escolher conscientemente a resposta que melhor se adapta a uma situação específica. Às vezes, a reação de luta pode ser apropriada, mas em outras situações, é a "fuga" ou o "congelamento" que podem ser mais eficazes. O essencial é cultivar a consciência de nossas respostas automáticas, praticando a autenticidade e a assertividade ao enfrentar desafios.

Este tema sobre nossas reações é bastante vasto e podemos refletir mais sobre isso em outro momento, quem sabe até em outro livro. Por enquanto, vamos voltar um pouco a ideia de alguém que esteja vivenciando a sensação de estar na <u>zona perdida.</u> Imediatamente surgem 3 possibilidades de escolhas (saídas) entre as quais ela pode eleger uma e seguir (conscientemente ou não).

A) <u>Estagnar na adversidade</u>

Esta é uma escolha, na maioria das vezes inconsciente, em que a pessoa, ao se perceber perdida, começa a se sentir invadida por sentimentos de derrota. A sensação de fracasso, geralmente estagna suas energias e ela permanece onde está, mesmo infeliz. O que faz uma pessoa se manter em uma situação insatisfatória, mesmo que deseje mudar? O que a impede de buscar uma vida com mais qualidade e sair da inércia que a prende nas circunstâncias atuais?

Estagnar na adversidade é tornar-se prisioneira da inércia. Na maioria das vezes, refere-se a uma reação de congelamento. Diante da ameaça, principalmente ao se sentir vulnerável, se deixa paralisar. É como se o corpo e mente entrassem em um estado de inércia, tornando difícil tomar qualquer ação.

Para compreender o que leva alguém a permanecer em uma vida desconfortável, é necessário entender os obstáculos psicológicos que não permitem que ela se liberte.

Algumas mulheres, diante do fracasso, não conseguem superar a sensação de derrota; criam desculpas para não enfrentar a situação e devido a isto, também não avançam em direção a uma vida mais saudável. O peso da desistência pode impactar de forma negativa na capacidade de buscar uma vivência mais realizadora. Quando nos apegamos à ideia de que algo é impossível ou que não merecemos, deixamos de lado nossas ambições e objetivos. E isso, pode nos aprisionar em uma vida que não nos preenche.

Outras vezes, utilizamos a resignação, nos fazendo acreditar que devemos aceitar o que quer que a vida nos traga, mesmo que seja insatisfatório. Esta é uma maneira inadequada de utilizar-se deste tipo de enfrentamento. É como se estivéssemos presas em um ciclo de aceitação passiva, e isso nos impede de buscar ativamente a felicidade e a realização que realmente merecemos. A resignação não é algo negativo, mas precisamos ter o cuidado de não a utilizar em um contexto que, ao contrário de nos fazer crescer e amadurecer emocionalmente, nos desgasta e mina nossas reservas de autoconfiança. A baixa autoestima pode nos levar a acreditar que não merecemos algo melhor. Podemos nos convencer de que essa é a situação mais favorável que podemos esperar ou que não merecemos mais do que isso. Esse tipo de pensamento é extremamente prejudicial, e nos impede de alcançar o que verdadeiramente desejamos para as nossas vidas.

Às vezes, permanecemos em uma situação infeliz porque temos medo do desconhecido. Para muitas mulheres, mudar pode ser assustador, e a familiaridade da vida atual, mesmo que não seja a ideal, pode parecer mais segura. A sensação de que sabemos o que esperar pode nos manter onde estamos, mesmo quando reconhecemos que não estamos felizes.

O medo da solidão é outra razão bastante comum. Muitas de nós temos receio de ficar sozinhas ou de perder conexões importantes, se optarmos por sair de uma situação infeliz. Isso pode nos fazer hesitar em seguir em frente, mesmo quando sabemos que a mudança é necessária.

Você já reparou em quantos fatores moldam as nossas decisões, muitas vezes, sem que a gente perceba?

Na verdade, as emoções associadas a essa decisão, de permanecer onde está, são complexas. Podemos sentir tristeza, frustração, raiva, culpa e até mesmo uma sensação de impotência. Entretanto é sempre saudável lembrar que essas emoções são normais e fazem parte do processo de tomar uma decisão difícil.

Precisamos nos lembrar que a vida está repleta de desafios, e é normal nos sentirmos desanimadas de vez em quando. Mas o fundamental é não permitir que a desistência ou a resignação (mal empregada) definam nosso caminho.

É importante perceber que buscar uma vida melhor requer coragem. Determinação para enfrentar o desconhecido, para persistir quando as coisas estão difíceis e para acreditar em si mesma, mesmo quando ninguém mais acredita.

Quem vive hoje uma situação infeliz, não precisa permanecer nela para sempre. Acredite: mudar pode ser assustador, mas também pode ser libertador. Para isso, é necessário trabalhar o medo da mudança para que possamos alcançar outros níveis de satisfação em nossas vidas.

Não deixe que a desistência ou qualquer outra sensação negativa limitem o que você pode alcançar. Você tem o poder de moldar seu destino e buscar uma vida melhor. Nos próximos capítulos falaremos mais sobre como podemos nutrir nossa força interior para superar obstáculos e criar a vida que desejamos.

B) <u>Reencontrar o rumo</u>

Existem mulheres com incrível força e resiliência, que ao se darem conta de que estão na "zona perdida", utilizam dos seus recursos internos para encontrar o caminho de volta à estrada de suas jornadas pessoais. É verdadeiramente inspirador observar como estas mulheres conseguem canalizar suas energias e superar os desafios que a vida lhes apresenta. Então, por que algumas de nós conseguem fazer isso? Como conseguem se reerguer quando se sentem perdidas? Embora cada experiência seja única, existem alguns elementos comuns que podem nos ajudar a explicar essa notável capacidade.

Todas nós já passamos por momentos em que sentimos que perdemos o rumo, que nos desviamos do caminho que havíamos planejado. O que poucas mulheres sabem é que há uma bússola interior, que podemos acessar, para nos ajudar a reencontrar a direção correta. Ela é o conjunto da nossa intuição, dos nossos valores e dos desejos mais profundos.

Não percebemos, mas, quando nos sentimos perdidas, é porque estamos nos afastando do que realmente importa para nós. Nos deixamos levar pelas expectativas dos outros, pela pressão social ou pelo medo do desconhecido. E este movimento, desorganiza nossas forças internas.

O primeiro passo para reencontrar a direção correta é fazer uma pausa e se reconectar com si mesma **(autoconhecimento)**. Reservar um tempo para refletir sobre o que você realmente deseja, quais são seus valores mais profundos e o que faz seu coração vibrar. Às vezes, torna-se indispensável nos afastar do barulho do mundo exterior para ouvir nossa voz interior.

Além disso, é necessário lembrar que não estamos sozinhas nesse processo. Podemos buscar **conexões** e criar uma **rede de apoio** com amigos, familiares ou até mesmo com uma terapeuta, para nos ajudar a compreender melhor nossos sentimentos, emoções, comportamentos e pensamentos. Falar sobre o que estamos passando pode trazer mais clareza, além de ajudar a colocar em ordem a nossa mente.

A sensação de se reorganizar e reencontrar a direção correta não acontece da noite para o dia, mas é um processo valioso de autodescoberta e crescimento. É preciso desenvolver a **resiliência**. Por isso, quando se sentir perdida, não desanime. Use a bússola interior, ouça sua intuição e lembre-se de que cada passo que dá, mesmo que seja um passo em uma direção inesperada, faz parte de seu movimento de amadurecimento.

Querida leitora, todas nós somos capazes de reencontrar a direção correta, reconectar com os nossos objetivos e propósitos para criar a vida que desejamos. E através da autodeterminação e uma boa pitada de criatividade podemos redesenhar nossas trajetórias e, finalmente, voltar para a estrada que tanto almejamos caminhar.

C) <u>Descobrir novas perspectivas no desvio</u>

Esta é uma forma bastante diferente de lidar com os desvios inesperados. Às vezes, quando nos sentimos perdidas ou nos desviamos bastante do plano original, pode parecer que tudo está fora de controle.

Quando um desvio no caminho parece não dar em lugar algum, é natural nos sentirmos frustradas, confusas ou até mesmo desesperadas. Entretanto é pertinente lembrar que, por trás de cada curva imprevista, pode haver uma lição valiosa ou uma oportunidade que não teríamos encontrado de outra forma.

E isto foi o que algumas mulheres conseguiram perceber. Esses desvios, algumas vezes, têm a possibilidade de nos levar a descobertas surpreendentes e oportunidades que nunca existiram em nosso projeto inicial.

Já passei por inúmeras experiências deste tipo que me mostraram novas oportunidades de trabalho (e até novo modo de vida) que talvez eu jamais tivesse imaginado ser possível para mim. Acredite, a gente se transforma (ou se redescobre) neste processo.

É uma experiência enriquecedora perceber que ao se perder, você acabou indo parar em um lugar completamente diferente do que havia planejado, mas que ele também tem potencial para ser bom. E você pode se surpreender ao descobrir que este novo lugar até pode lhe parecer mais favorável para seus projetos.

Esses desvios são capazes de nos ensinar a sermos flexíveis, a nos adaptarmos a novas circunstâncias e a encontrarmos uma força interior que nem sabíamos que tínhamos. Eles podem nos abrir para novas perspectivas, novos interesses e até mesmo novos relacionamentos, que enriquecem nossas vidas.

Mesmo que pareça que estamos fracassando por não conseguir seguir com o plano original, na realidade é apenas uma mudança de direcionamento, de planos, valores e vida. E esta experiência não precisa vir rotulada de "fracasso". Temos inúmeros exemplos clássicos de "fracassos" que se tornaram projetos incríveis e inovadores.

Um deles é a história do *"Tarte Tatin"*, uma sobremesa francesa. Acredita-se que essa torta de maçã de cabeça para baixo tenha sido criada por acidente. A história remonta ao século XIX em um pequeno hotel na região rural da França, administrado por duas irmãs, Stephanie e Caroline Tatin. Diz-se que Stephanie estava preparando uma torta de maçã comum, mas cometeu um erro ao cozinhar as maçãs e, em um esforço para corrigi-lo, colocou a massa por cima das maçãs e depois a torta de cabeça para baixo. Ao servir aos clientes, eles descobriram que a torta tinha um maravilhoso sabor, com maçãs caramelizadas na parte superior e massa crocante na parte inferior. Os clientes adoraram o novo prato, que acabou se tornando uma especialidade do hotel e ganhou fama. A *Tarte Tatin*, nascida de uma experiência diferente, é agora uma sobremesa clássica da culinária francesa, apreciada em todo o mundo.

Essa história ilustra como a criatividade pode surgir quando menos se espera. E que um suposto "fracasso" pode ser o início do seu próximo sucesso. Por isso, algumas vezes precisamos encontrar coragem para abraçar os desvios inesperados em nossas vidas. Como, às vezes, falo para minhas pacientes: *em vez de resistir, convidar o problema para sentar, tomar um café (ou uma xícara de chá, se assim preferir), dialogar para tentar entender o que realmente está acontecendo e descobrir o que podemos aprender com esta experiência.* É uma boa ocasião para crescimento pessoal, explorar projetos antigos ou descobrir uma nova direção em nossas vidas.

Mantendo o coração e a mente abertos, as oportunidades podem surgir. Afinal, é na imprevisibilidade da vida que, muitas vezes, encontramos as joias mais preciosas. Por isso, ao se sentir perdida, você pode reavaliar a situação e acabar percebendo que, ao errar o caminho, encontrou um lugar ainda melhor do que aquele que desejava inicialmente.

Se conseguirmos desenvolver a capacidade de abraçar a incerteza, nos adaptando às mudanças inesperadas, podemos alcançar resultados surpreendentemente gratificantes.

Muitas de nós, só verdadeiramente conhecemos a força interior que temos quando somos colocadas à prova, chamadas a tomar uma atitude diante de uma situação pra lá de desafiadora. É por isso que devemos saber como costumamos reagir diante da pressão. Se reagimos bem... Se reagimos mal... Ou até mesmo se reagimos acima das expectativas, gerando um resultado que se quer imaginaríamos.

Todo processo de escolha parece arriscado. Porém, precisamos lembrar que quando saímos da nossa zona de conforto, estamos abrindo portas para amadurecimento emocional. Claro, essas escolhas podem ser assustadoras, mas também podem nos recompensar de maneiras que não poderíamos imaginar. Às vezes, é preciso coragem para buscar nossos sonhos, mesmo quando o caminho parece incerto.

Tenha sempre em mente que apesar das escolhas que fizemos no passado, o importante realmente é o que faremos a partir de agora, independentemente da idade que temos. Ao promover essas mudanças nas escolhas a cada dia, em alguns meses, até fazemos naturalmente, nos sentindo mais seguras. Podemos aprender com nossos erros, usar nossas experiências para nos fortalecer e ter a coragem de seguir nossos corações, mesmo quando isso significa tomar decisões arriscadas.

Sim, a vida é essa louca aventura de autodescoberta, e cada escolha que fazemos, boa ou ruim, nos molda e nos leva adiante. E o que nos ajuda nesse processo? Bem, precisaremos criar a habilidade de não ter medo de escolher. É necessário também desenvolvermos o processo de tomada de decisão com sabedoria, ouvindo e ponderando as vozes da razão e do coração. E devemos nos lembrar que, no final das contas, cada escolha nos ajudou a nos tornar a mulher que somos hoje.

3

ORGANIZANDO O ARMÁRIO EMOCIONAL

Capítulo 3

Sabemos da importância de reorganizar nosso interior, nossa mente e equilibrar nosso corpo. Entretanto, na maioria das vezes, não sabemos sequer por onde começar esse processo.

Quando converso com minhas pacientes/clientes (na terapia ou durante a mentoria para mulheres), gosto sempre de abordar esse tema fazendo uma comparação com a organização de um guarda-roupa. Se observarmos bem, vamos encontrar diversas semelhanças. A maneira como lidamos com a bagunça, seja no nosso espaço físico ou dentro de nós mesmas, pode até nos apontar como estamos enfrentando algumas situações em nossas vidas.

Arrumar o guarda-roupa é uma tarefa que muitas pessoas adiam. O que a maioria não sabe é que essa atividade pode ser surpreendentemente terapêutica. Quando finalmente nos dispomos a organizar as roupas, além de deixar tudo em ordem, podemos aprender muito sobre nós mesmas e sobre nossas emoções.

O primeiro passo (em ambos os casos) é reconhecer a bagunça. Assim como um guarda-roupa torna-se bagunçado com roupas antigas e itens que não usamos mais, nossa mente pode ficar tumultuada com pensamentos negativos, preocupações excessivas e emoções mal processadas. Esta desordem cria uma sensação de caos que nos faz sentir sobrecarregadas. No momento em que adquirimos consciência da "bagunça" e do quanto ela está prejudicando nossas vidas, conseguimos perceber a necessidade de promover uma mudança. E isso, algumas vezes, significa tirar quase tudo do lugar, olhar para cada peça e decidir o que manter e o que descartar.

Mexer no nosso armário emocional nem sempre é uma tarefa fácil. Sabemos que, às vezes, organizar o guarda-roupa do seu quarto requer apenas vencer a preguiça. Porém, em nossa mente, iremos necessitar de muita coragem para lidar com certas "bagagens" que não queríamos enfrentar. Além do exercício de quebrar o ciclo da procrastinação, organizar o armário implicará em dialogar com o medo e com outros aspectos da nossa mente que não estavam bem resolvidos. Em nossas vidas, isso envolve a autorreflexão e o autoexame para identificar as preocupações, emoções e crenças negativas que estão nos afetando.

Assim como tentamos, de maneira eficiente, dobrar e arrumar nossas roupas em nosso guarda-roupa, precisamos criar estratégias para organizar nossos pensamentos, definir metas claras e priorizar o que é realmente importante para nós.

Se vamos finalmente resolver a bagunça do nosso guarda-roupa, é necessário fazer algumas escolhas, separando quais peças queremos manter e quais devemos doar ou descartar.

O processo de organizar a "bagunça" em nossa mente, também é bem parecido. Já percebemos que a higiene mental é tão importante quanto a higiene física para manter uma mente saudável e equilibrada. E assim como organizamos nossos pertences em caixas para manter a ordem em nossas casas, podemos aplicar a mesma abordagem para nossas emoções e situações em nossas vidas, distinguindo (com escolhas conscientes) sobre o que nos serve e o que não nos serve mais.

No momento de escolha e separação é fundamental diferenciar as emoções que são úteis e nos ajudam a seguir em frente, daquelas que não são mais necessárias e estão nos prendendo ao passado. Aqui é essencial perceber que não estamos descartando todas as emoções, assim como não jogamos fora todas as nossas roupas. Estamos apenas liberando espaço para novas e melhores experiências em nossas vidas. É importante lembrar que este movimento pode incluir: cortar relacionamentos tóxicos, abandonar hábitos prejudiciais e buscar experiências que nos tragam alegria e realização.

Imagine agora que você possa criar em sua mente três caixas distintas: manter, descartar e ressignificar.

1. **Caixa "Manter"** – Nesta caixa estarão as experiências que você deseja preservar e cultivar. Emoções e situações que ainda são positivas e nutritivas para sua mente. Por exemplo, sentimentos de gratidão, amor, confiança, momentos de alegria e relacionamentos saudáveis devem ser mantidos nesta caixa. Eles são como suas roupas favoritas que lhe traz conforto e felicidade. Lembrando que assim como as roupas favoritas, tudo o que permanecer nesta caixa precisará de manutenção. Sem o nosso cuidado, tudo ficará empoeirado e com o tempo poderá até se decompor.

2. **Caixa "Descartar"** – Já reparou que existem utensílios e

roupas que não servem mais nem para doação? Assim como você se livraria de roupas velhas e desgastadas, a ideia é se desfazer das emoções e experiências que não contribuem para sua saúde mental. Aqui você poderá colocar todas as emoções e situações que são prejudiciais ou tóxicas. Pode acreditar, <u>existem experiências emocionais que não precisam ser carregadas para sempre</u>. O ressentimento, culpa excessiva, autoexigência extrema, pensamentos autodepreciativos, relacionamentos tóxicos e preocupações irracionais são exemplos que podem afetar nosso estado emocional de forma negativa e consumir toda a nossa energia. A caixa "Descartar" é o lugar para esses padrões de pensamento desadaptativos que não nos servem para mais nada e só ajudam a minar nossa autoestima. Acredite, esses pensamentos não contribuem para seu crescimento pessoal. A ideia de colocar essas emoções e pensamentos nesta caixa não significa ignorá-los ou reprimi-los, mas sim reconhecê-los como prejudiciais e não construtivos, e assim poder afastá-los de sua vida. Algumas vezes, vamos precisar de ajuda profissional para fazer essa "faxina".   O "descarte" precisa ser consciente e nutrir internamente a sensação libertadora do desapego. Ao liberar esses fardos mentais tóxicos, você criará espaço para emoções e pensamentos mais positivos e construtivos em sua vida. Dessa forma, você perceberá com o tempo que estará contribuindo para adquirir um maior equilíbrio emocional e uma mente mais saudável.

3. **Caixa "Ressignificar"** – Esta é uma das caixas mais importantes e, para muitas mulheres, uma das mais **difíceis no processo de escolha.** É aqui que colocaremos os desafios ou experiências ambíguas que podem ser transformados em oportunidades de crescimento e aprendizado. O fracasso,

por exemplo, pode ser uma valiosa fonte, com lições que lhe ajudarão a crescer e aprimorar suas habilidades. Nem sempre a experiência do fracasso precisa ir para a caixa do descarte. A caixa "Ressignificar" nos apresenta a ideia de que a mudança e o crescimento são possíveis em todas as áreas de nossa vida, mesmo que os desafios e as experiências pareçam complexas. Algumas mulheres conseguem trazer novo significado sozinhas, enquanto outras irão necessitar de ajuda profissional terapêutica para esta demanda. O importante é que neste processo podemos começar a visualizar a vida com uma perspectiva mais flexível, buscando oportunidades de aprendizado e evolução pessoal (ao transformar em experiência positiva, o que inicialmente poderia ser considerado negativo). Aqui é primordial nos lembrar da nossa capacidade de adaptação e resiliência. Na maioria das vezes, não acreditamos que somos capazes de descobrir significado e propósito, mesmo nas situações mais desafiadoras.

Este movimento de higiene mental não é somente um ato de separar as emoções e situações, mas também de nomear, compreender e cuidar delas adequadamente. Além de nos libertar das emoções negativas, precisamos nutrir as emoções positivas e transformar as ambíguas em fontes de amadurecimento emocional. Você perceberá com o passar do tempo que este exercício auxilia na manutenção de uma mente mais clara, equilibrada e resiliente.

DESVENDANDO O CAOS – ENFRENTANDO A DESORDEM COM ADAPTABILIDADE

Você já se deparou com aquele momento em que, ao decidir arrumar alguma coisa, olhou em volta e pensou: *"Por que eu comecei esse negócio? Já me arrependi de ter tirado tudo do lugar."* Praticamente todas nós já passamos por isso. Começamos com toda aquela energia, cheia de gás, com vontade de mudar o mundo. Aos poucos tudo começa a sair do lugar e parece que está realmente se resolvendo. Mas então, nos distraímos e olhamos em volta, e nos deparamos com uma loucura total. A visão é, às vezes, tão caótica que se assemelha a passagem de um furacão. E então, como um eco, uma pergunta se repete em nossa cabeça: *E agora?*

Algumas de nós sentem vontade de sentar e choramingar, outras pensam em abandonar tudo e sair correndo, além das que fingem nem ver a bagunça para não desanimar. Na verdade, acredito que todas nós desejaríamos ter uma varinha mágica capaz de reorganizar tudo só com um comando: *Alakazam*. Seria fantástico, não é mesmo? Mas enquanto não conseguimos essa proeza, só nos resta aprender a lidar adequadamente com o caos, buscando enfrentamentos mais saudáveis para trabalhar a desordem que geralmente vem antes de qualquer mudança.

Saiba que este é um dos pontos mais difíceis que enfrentamos ao tomar a decisão de organizar o guarda-roupa, um cômodo ou mesmo que seja nosso espaço interior (nossa mente): aceitar o fato de que, na maioria das vezes, **antes da ordem vem o caos.**

"É no caos emocional que descobrimos nossas próprias sombras e, com elas, nossa verdadeira força."
Carl Jung

Lidar com o caos parece assustador e este é um dos motivos que muitas pessoas desistem de arrumar, mesmo antes de tentar. A sensação esmagadora com que nos deparamos ao começar a mexer nas peças, tirando tudo do lugar, geralmente nos faz ir pelo caminho mais fácil que é evitar o caos. E então não é raro decidirmos "deixar assim", mesmo que nada esteja exatamente como gostaríamos. <u>E seguimos, fingindo não nos importar, mas sendo lentamente sufocadas pelo incômodo causado pela situação.</u> Tudo por causa do medo de passar pelo processo de mudança.

É preciso muita resiliência e coragem para suportar todos os testes que a desordem nos fará passar. E este acaba sendo um dos momentos mais desafiadores das nossas vidas. Aceitar que vivenciaremos o caos ao arrumar alguma coisa ou lugar, faz parte do caminho para nossa evolução. Reconhecer que o desconforto surge do fato de sentirmos um turbilhão de emoções, semelhante ao que ocorre quando decidimos enfrentar questões profundas em nossas vidas. Mas adquirir consciência de que isso não significa necessariamente descontrole é essencial. **Apesar dos olhos perceberem a bagunça, a mente precisa estar focada no processo e saber que toda essa desordem apenas é parte inicial do movimento de transformação.**

A sensação de descontrole é sentida porque o caos desafia a ordem existente. E nos sentimos desconfortáveis, mesmo que no fundo saibamos que essa "ordem" não é assim tão saudável. O caos nos coloca no centro dessa experiência, onde enfrentamos desafios, tomamos decisões e aprendemos com as consequências. E é nesse labirinto de desordem que, geralmente, descobrimos nuances, identificamos padrões e até encontramos soluções criativas.

Saiba que **o caos não é o contrário a ordem**. Ele é um agente catalizador que nos ajuda a criar uma ordem mais significativa e alinhada com nossos verdadeiros objetivos e valores. Se conseguirmos aceitar o desafio de trabalhar inicialmente com o caos, podemos explorar e descobrir o que existe nas profundezas de nossas vidas, de nossas mentes e de nossos guarda-roupas. Este é um passo corajoso que podemos dar em direção à mudança.

Quando estiver em algum processo de transformação (organizar o guarda-roupa, arrumar um quarto ou promover a higiene mental) e você se deparar com o caos, lembre-se que ele pode ser o ponto de partida para uma nova e enriquecedora experiência. Este movimento é algo que parece solitário, mas na realidade é porque ele exige um mergulho que somente você pode fazer. É importante saber que, mesmo que você tenha uma rede de apoio (amigos, família, psicóloga etc.), em algum momento você terá que ficar sozinha para refletir e fazer suas próprias escolhas.

Assim como um guarda-roupa organizado nos permite encontrar facilmente as roupas que queremos usar, uma mente equilibrada e organizada nos ajuda a lidar com os desafios da vida de forma mais eficaz. Certamente esta organização interna também irá, aos poucos, nos trazer uma sensação de alívio. Além de nos fazer sentir mais leves e confiantes.

4

DESCONEXÃO INTERIOR – EM BUSCA DA ESSÊNCIA PERDIDA

Capítulo 4

Quantas mulheres se sentem desconectadas de sua própria essência? Se perderam em meio a um turbilhão de expectativas, papéis e responsabilidades. Algumas vezes, nem percebem que sua verdadeira identidade está obscurecida e sufocada pelo esforço de atender as expectativas dos outros.

"Às vezes sinto que não posso ser 'eu mesma', que tenho que ser o que os outros esperam de mim." Seja de forma mais clara ou disfarçado de sintomas físicos, este é um pensamento que costuma rondar a mente de muitas mulheres. Não é raro ouvir isso das mulheres que atendo nas sessões de terapia ou nas mentorias, mesmo que o foco inicial seja uma "simples" transição profissional. A sensação de que precisamos ser o que os outros esperam de nós, pode se tornar algo sufocante. E à medida que nos esforçamos para atender a todas essas expectativas, esquecendo nossas próprias necessidades e desejos, vamos perdendo a nossa autenticidade. No final, nos questionamos sobre quem realmente nos tornamos.

Somos diariamente pressionadas de algum modo. Infelizmente, não conseguiremos viver em um mundo sem pressões, seria irreal imaginar isso, já que existem coisas que não dependem somente de nós. Porém, não é impossível aprender a lidar com a pressão, descobrindo maneiras mais salutares para diminuir os impactos diários a que somos submetidas.

Um dos pontos que mais nos pressionam é a questão dos "encaixes". Sentir que estamos sendo aceitas por alguém e que nos encaixamos nos pré-requisitos para fazer parte de algum grupo, nos levam, muitas vezes, ao comportamento de <u>agradar excessivamente</u>. Este é um fator importante que impacta diretamente em nossa identidade e que pode trazer inúmeros efeitos emocionais. A autoestima rebaixada, elevados níveis de ansiedade e depressão são alguns frutos amargos que surgem como resultados desta situação.

Existem mulheres que se sentem desconectadas de sua essência por acreditar que se moldar aos desejos dos outros é a única maneira de serem aceitas e não sofrerem mais com novas experiências de abandono ou rejeição, como viveram no passado. Esse comportamento excessivo de não desagradar, também impulsiona mulheres para relacionamentos tóxicos. Ao se doar demais, a maioria sente que está sendo explorada ou usada, porém não consegue encontrar forças para sair dessa relação em desequilíbrio. Muitas se isolam socialmente por medo de não serem aceitas como realmente são, se tornando solitárias e carentes de apoio emocional. Veja como, algumas vezes, é confuso esse nosso universo.

Vamos explorar mais sobre este tema adiante, neste capítulo quero somente levar você a uma reflexão pessoal:

> Quando você se olha no espelho, consegue se olhar nos olhos e reconhece a pessoa que vê refletida?

> O que realmente faz você se sentir viva? O que traz alegria ao seu coração?

> Você sente que está vivendo de acordo com suas próprias crenças e valores, ou está seguindo o que os outros esperam de você?

> Quais são as atividades ou interesses que costumavam lhe trazer alegria, mas que você deixou de fazer?

> Quais são as áreas da sua vida em que você sente que está "representando um papel" ou sufocando sua verdadeira identidade?

> Quais são seus valores mais profundos?

> Como você se sente em relação às escolhas que está fazendo atualmente em sua vida? Elas estão alinhadas com quem você é e com o que você deseja?

Estas são perguntas que parecem tão fáceis, mas se tornam imensamente difíceis, principalmente quando estamos na "zona perdida". Entretanto são indagações essenciais para investigar até onde estamos levando uma vida com autenticidade ou se estamos perdidas, confusas sobre quem nos tornamos.

Ao longo deste livro, convido você para um movimento de autodescoberta. E estas questões elementares, se tentar responder com calma, com sinceridade e profunda reflexão, podem ser o início da recuperação de si mesma, seus valores, seus objetivos e de sua legítima natureza.

Tudo começa com o despertar da autoconsciência. Ouça suas respostas. Ou se sentir dificuldade, *"deixe a pergunta ao vento"*. Costumo dizer para quem passa em minha sala de terapia, que às vezes <u>é importante lançarmos a pergunta para a nossa mente, mesmo que não venha imediatamente nenhuma resposta</u>. Existem certos questionamentos que podem nos oferecer resultados grandiosos, sem sequer trazer uma resposta tão clara no início. Estas perguntas "sem respostas" (porque elas têm, apesar de não vermos tão nitidamente), mergulham na nossa alma, nadam algumas vezes até pelo oceano profundo do nosso inconsciente. E podem retornar à superfície, trazendo à tona indícios dos "lugares", os quais poderemos revisitar para encontrar nossas respostas.

É muito importante nos lembrar que mesmo diante de uma vida agitada, precisamos reservar um tempo só para nós. De preferência todos os dias. Não sendo possível uma hora ou mais, que sejam 10 a 15 minutos. Mas que possamos fazer algo longe de todo o barulho do mundo. Nos reconectar com as coisas que amamos e que, na maioria das vezes, já nos esquecemos o quanto eram gratificantes, prazerosas, divertidas e relaxantes de fazer.

Volte a escrever, pintar, desenhar, dançar, cozinhar, não importa muito o que seja. Às vezes, a resposta está bem diante de nós, em coisas bem pequenas, como sentar com a pessoa amada e assistir algo divertido na TV. Ou brincar com seu pet e sorrir das coisas engraçadas que ele faz. Ou mesmo sozinha, tomar um café, sentindo o aroma e vislumbrando a natureza que está a sua volta.

Veja, é bem simples essa parte. Mas sabe o que é difícil mesmo? Começar a esquecer as expectativas dos outros e focar em você. É difícil porque, frequentemente, o sentimento de culpa aparece para nos assombrar. Culpa por não estar trabalhando e produzindo; culpa porque deveria estar fazendo algo por alguém; culpa porque *"Onde já se viu, ficar largada no sofá, sem fazer nada, assistindo TV?"*. Lembre-se sempre: não é egoísmo cuidar de si mesma. Se você se organiza e consegue manter suas funções, seu trabalho e responsabilidade em dia, porque também não pode dedicar parte do seu tempo e vida para você? Mesmo que seja em uma atividade "boba", mas que diverte a sua criança interior.

Tive uma paciente que estava exausta com inúmeras tarefas e problemas na família, mas que ainda se sentia culpada e reclamava de seu desempenho por não conseguir dar conta de tudo. E vendo como ela estava tratando a si mesma, perguntei: *Como seria se uma amiga, alguém que você gostasse muito, estivesse passando por tudo isso? E se ela viesse lhe contar todas essas coisas, como você tentaria acolher e ajudar?* A resposta foi bem diferente do que ela vinha falando para si mesma: *Ah, eu certamente iria dizer para ela ir com calma; que na vida nem tudo sai exatamente como planejamos. Mas que ela deveria tirar uns dias de folga ou tentar relaxar de alguma maneira. Que a vida é difícil mesmo, mas não podemos nos sentir culpadas por não dar conta, afinal não somos de ferro.* Bem, não foi preciso que eu falasse muita coisa depois disso, ela mesma chegou à conclusão: *Eu deveria ser mais gentil comigo, não é mesmo? Afinal, eu deveria ser minha melhor amiga. E estou sendo muito rígida, como jamais seria com outra pessoa.*

Perceba que exercitar a gentileza com si mesma é tão importante quanto ser gentil com as outras pessoas (Talvez até mais!). Ser gentil significa ser amável, compreensiva, demonstrando respeito, compaixão e empatia. É um ingrediente importante para desenvolver relacionamentos saudáveis (com você mesma e com os outros). Precisamos aprender a nos tratar com mais bondade, levando em consideração todas as nossas experiências e desenvolver uma comunicação mais respeitosa com o nosso interior.

Saiba que o caminho para a reconexão com a nossa essência é um percurso precioso. E em alguns momentos, a estrada será desafiadora. Vale ressaltar que aqui também o apoio emocional adequado (familiares, amigos e/ou terapeuta profissional) pode ajudá-la neste processo de recuperação.

Lembre-se que o incomodo e a sensação de "se perder" são, muitas vezes, sintomas que indicam o desconforto de que **você não está onde deveria estar.** É um sinal bastante claro de que **você cansou de não ser você,** e que chegou a hora de reconquistar sua autenticidade.

5

A MULHER E SUAS EMOÇÕES

Capítulo 5

Nossas emoções são como as cores que pintam a tela da nossa existência. Cada matiz representa um sentimento, uma experiência única. Algumas emoções são explosivas, como fogos de artifício, enquanto outras são suaves como um abraço reconfortante.

É importante entender que as emoções são completamente naturais e normais. Sentir emoção não faz de nós pessoas ruins, pelo contrário, é uma parte intrínseca de nossa humanidade. E quando sentimos amor, alegria, tristeza, raiva, medo, ou qualquer outra, isso não nos torna melhores ou piores. O verdadeiro teste de caráter está em como lidamos com essas emoções, em como as direcionamos de maneira saudável e adaptativa. Afinal, são as emoções que nos tornam pessoas vivas, sensíveis e únicas.

"As mulheres aprenderam a ser fortes, mas às vezes esquecem o direito de serem vulneráveis."
Glennon Doyle

Na maioria das vezes, somos duras demais conosco por experimentar emoções consideradas "negativas", como tristeza ou raiva. Por serem "negativas" achamos que não devemos senti-las porque ao sentir essas emoções não seremos mais pessoas "positivas" e "do bem". É importante percebermos que colocar as emoções em caixas separadas de "positivas" e "negativas" só irá nos causar mais confusão. Particularmente, acredito que cada emoção possui seus dois polos (negativo/positivo), e somos nós que definimos por onde queremos caminhar com esta emoção. Ao sentir raiva, por exemplo, posso explodir, quebrar coisas e falar palavras que provavelmente me arrependeria mais tarde; mas também posso sentir a raiva, me afastar um pouco para compreendê-la, e até usar seu poder como combustível em algum projeto.

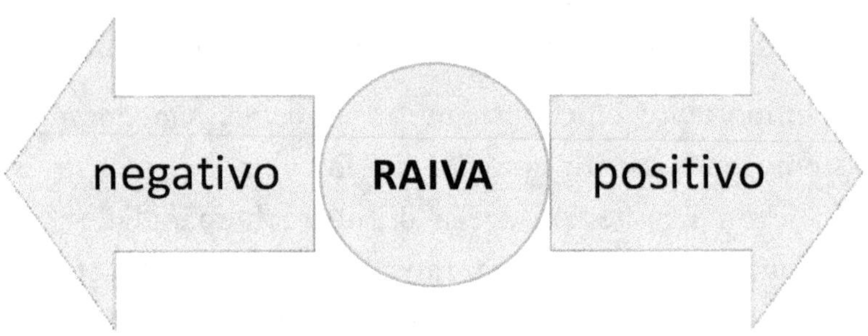

Essas emoções também podem desempenhar papéis adaptativos em nossas vidas. A tristeza, por exemplo, nos ajuda a processar nossas perdas, a raiva nos permite estabelecer limites e proteger o que é importante para nós. Temos que aprender e compreender que suprimir ou ignorar esses sentimentos pode nos prejudicar, e ainda nos trazer inúmeros problemas emocionais ao longo da vida.

É necessário aprendermos a olhar nossas emoções com gentileza e aceitação. Nos permitindo sentir, sem julgamentos. Reconhecendo que as emoções são mensagens significativas, um indicativo de que algo está acontecendo dentro de nós. Ao descobrimos como decifrar essas mensagens, nos proporcionamos a chance de agir de forma consciente e mais saudável diante dos desafios diários.

Aqui é importante nos lembrar, que todas as vezes que produzimos emoções exacerbadas, elas causam uma grande euforia dentro de nós, pois aceleram a produção de determinados hormônios, que por sua vez, nos tiram o equilíbrio e o sossego. E embaladas pelo fluxo hormonal descontrolado, muitas vezes, sofremos com alterações de humor, picos de ansiedade, sem contar os receios, medos e angústias que sentimos diante dos desafios. Em breve, vamos conversar mais sobre isso. Por enquanto, o essencial é entender que **precisamos aprender a suavizar o peso das emoções**, não permitindo que elas se exaltem a ponto de nos desestruturar e perturbar demasiadamente.

Quando vamos amadurecendo, percebemos que se torna essencial explorar a complexidade das emoções, aprendendo a identificá-las, nomeá-las, entendendo seus propósitos e, o mais importante, descobrindo novas maneiras de lidar com elas. Mas existem algumas estratégias, que apresentarei ao longo deste livro, que nos ajudam a cultivar o equilíbrio emocional, fortalecer a autoestima e construir relacionamentos mais saudáveis.

E tudo começa com a consciência de que somos seres emocionais, e nossas emoções não só enriquecem nossas vidas, mas também ajudam a formar quem somos. Aceitar e acolher nossas emoções, aprendendo a conviver com elas, é um passo fundamental que nos faz avançar em direção a uma vida bem mais satisfatória.

Quando estamos confusas, nossas emoções nos consomem, nos fazendo sentir como se estivéssemos presas em um ciclo interminável. Quem nunca se viu presa no turbilhão de sentir "raiva por estar com raiva", ou "tristeza por estar triste"? É como se uma emoção puxasse a outra em um ciclo que parece impossível de quebrar. Sim, ficamos confusas e sentimos emoção em cima da emoção. E esta repetição torna o momento mais pesado e exaustivo.

A sensação desta montanha-russa emocional pode ser esmagadora. Se sinto raiva de alguma situação ou alguém, também começo a sentir raiva de mim mesma, pois "sinto raiva por estar com raiva" ou "sinto raiva da situação/pessoa e sinto raiva por ter me colocado neste lugar" – *"Que boba que eu fui!"*. E muitas vezes, sentimos essa raiva por não sermos capazes de manter o equilíbrio, por achar que não estamos sendo tão «adultas" quanto gostaríamos de ser.

Sentimos tristeza por estarmos tristes, e isso nos deixa ainda mais tristes criando um peso adicional sobre nossos ombros emocionais. Se já lutamos contra a depressão, às vezes ruminamos sobre o porquê de estarmos assim, e isso só piora as coisas, como se estivéssemos nos culpando por não sermos «fortes o suficiente.» E ficamos deprimidas por constatar o momento depressivo que estamos vivendo – *"Por que eu me sinto assim? O que há de errado comigo? Por que não sou uma pessoa normal?"*. Parece um papo de louco não?! Mas é real. E saiba que muitas mulheres passam por isso, se é que você também já não se sentiu assim.

Você sabia que os nossos pensamentos desempenham um papel fundamental na engrenagem desse ciclo? É interessante observar como os nossos pensamentos moldam nossas emoções e como, por sua vez, nossas emoções influenciam nossos pensamentos. E se conseguirmos compreender essa interação, poderemos aprender a lidar melhor com as questões emocionais em nossas vidas.

Nossas reflexões sobre as emoções que experimentamos desencadeiam uma sequência interminável de pensamentos e sentimentos. Nesse processo contínuo, muitas vezes sem perceber, nos encontramos presas em um *loop* emocional que parece não ter fim.

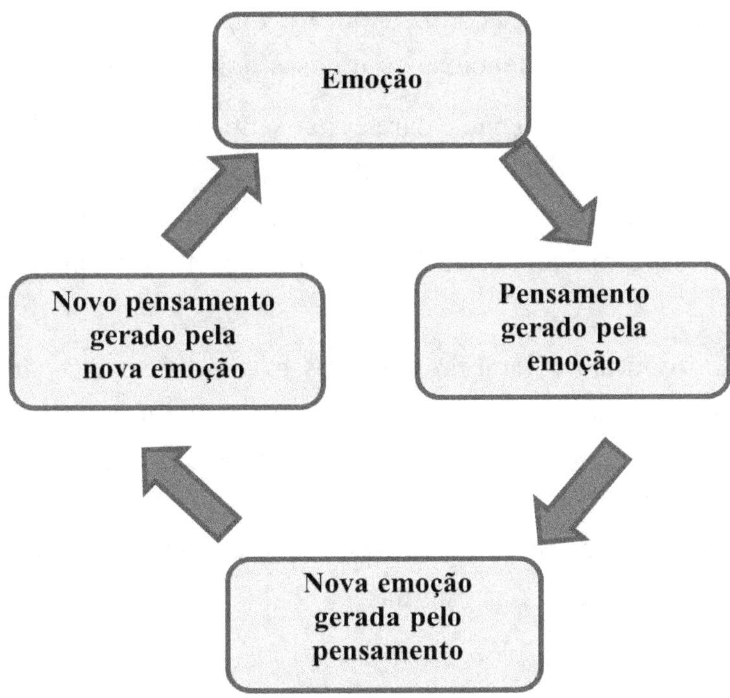

Essa dinâmica intrigante de "pensamento que gera emoção que gera novo pensamento que gera nova emoção" é um ciclo complexo que muitas de nós experimentam no dia a dia em nossas vidas. Às vezes, é como se estivéssemos presas em um labirinto de nossos próprios pensamentos e sentimentos, sem uma saída à vista. Entender essa relação entre nossos pensamentos e emoções é fundamental para desvendar o poder dos nossos pensamentos sobre as nossas emoções e, eventualmente, quebrar esse ciclo.

<u>Mas aqui está o segredo:</u> um dos caminhos para transformar esta situação é acolher nossas emoções e não travar uma luta contra elas. É compreender que cada emoção tem uma mensagem para nos transmitir. *Eu preciso entender a minha raiva: Porque ela vem? Por que estou sentindo tudo isso?* Quando sentimos raiva, tristeza, ou qualquer outra emoção, é o nosso interior nos dizendo algo, nos

sinalizando o que está acontecendo e o que precisa ser cuidado. É como uma conversa silenciosa com nossa própria alma.

Entender a raiva não é para evitar senti-la, mas para descobrir o que ela está tentando nos dizer. Cada emoção é um sinal, uma resposta a algo que está nos incomodando. Quando aceitamos e tentamos entender essas emoções, estamos abrindo a porta para uma vida mais saudável.

É importante lembrar que nossas emoções não são nossas inimigas; são aliadas valiosas. Elas nos permitem identificar o que precisa de atenção e cuidado em nossas vidas. Se você sente raiva, provavelmente, é que porque algo que precisa ser resolvido. Se está triste, é um sinal de que precisa de carinho e cuidado. Perceba que as emoções são nossas guias internas.

EMOÇÕES QUE NOS CONFUNDEM

Os pensamentos restritivos que temos em relação às nossas emoções é um outro aspecto que frequentemente nos desafia. Eles reforçam o ciclo de pensamentos e emoções, nos tornando mais confusas, nos trazendo, também, um sentimento de culpa.

Muitas vezes, nos sentimos "confusas quando estamos ansiosas", "culpadas quando estamos com raiva" ou com qualquer outra emoção que nos leva a questionar se é apropriado sentir o que estamos sentindo. Parece que nos cobramos para sermos perfeitas, ou para parecermos como robôs, livres de qualquer sentimento que não se encaixe na nossa ideia de "ser adulta". Acreditamos que perder o controle emocional ou sentir determinadas emoções é sinal de fraqueza ou regressão. E nem sempre significa isso.

Essa busca implacável por sermos "adultas e equilibradas", sem permitir espaço para nossas emoções, geralmente está enraizada em "vozes internalizadas" que se originaram na infância. Por exemplo, se sentimos vergonha por chorar, talvez tenhamos sido ensinadas quando crianças que chorar é sinal de fraqueza, que *"meninas não devem chorar"*, *"você não é mais criancinha para ficar chorando à toa"* ou que *"seja forte, isso não foi nada."* Essas mensagens podem levar a um pensamento profundo de que chorar é fraco ou infantil.

O mesmo acontece com a raiva. Se fomos repreendidas por expressar raiva quando crianças, podemos crescer tentando esconder nossa raiva e acreditando que ser uma adulta "bem resolvida" significa nunca sentir raiva e sempre dizer *"Está tudo bem!"*. É ser um alguém que nunca perde o controle e que sempre está calma. Esses pensamentos autossabotadores podem nos levar a usar máscaras e a criar estratégias de evitação para não confrontar nossos verdadeiros sentimentos.

Veja a depressão, frequentemente associada a crenças de que "é sinal fraqueza" ou que *"deveríamos ser capazes de superar isso."* Se alguém, alguma vez nos disse que a depressão é fraqueza (em um sentido negativo de ver esta experiência), é provável que lutemos contra esse sentimento de maneira não saudável, o que, por sua vez, pode agravar a depressão e nos prender no poço sem fundo do desequilíbrio.

Aqui está um exemplo prático de uma paciente que aqui chamarei de Claudia. Ela cresceu em um ambiente onde expressar raiva era mal visto. Sempre que ficava com raiva, era repreendida e informada de que não era adequado sentir raiva. *"Não era elegante!"* Dizia a sua mãe, quando ela pensava em se expressar. Essa experiência a levou a acreditar que ser uma adulta equilibrada (e elegante!) significava nunca sentir raiva. No entanto, ao longo dos anos, ela desenvolveu problemas de relacionamento e se viu frequentemente frustrada e ressentida, sem saber como expressar suas emoções de maneira saudável.

Claudia desenvolveu um padrão doloroso de relacionamentos mal resolvidos. Sua incapacidade de expressar sua raiva ou comunicar seus sentimentos de insatisfação, a fez sentir como se estivesse em um ciclo constante de se submeter aos desejos e expectativas dos outros. E isso, geralmente acontecia em detrimento de sua própria saúde emocional. Essa falta de comunicação eficaz direcionou a sua vida para relações em que ela se sentia psicologicamente abusada, pois não conseguia estabelecer limites saudáveis. Este padrão se repetiu várias vezes ao longo de sua vida, deixando cicatrizes emocionais profundas e minando sua autoestima.

Entretanto, no momento em que ela percebeu a necessidade de mudança, iniciou seu processo de cura. Claudia, durante seu processo terapêutico, começou a trabalhar seu mundo interior, reconhecendo que era perfeitamente humano sentir raiva e que a raiva, quando bem gerenciada, poderia ser uma emoção construtiva também. Ela aprendeu a acolher sua raiva e a usá-la como um indicador de suas necessidades não atendidas. Ao fazer isso, ela conseguiu melhorar seus relacionamentos e se sentir mais autêntica consigo mesma.

Qual é a principal mensagem aqui? É que, ao reconhecer e desafiar nossos pensamentos bloqueadores em relação às emoções, podemos romper o ciclo de pensamentos e sentimentos que nos mantém presas. Aceitar que nossas emoções são válidas e compreender que elas carregam mensagens importantes, nos permite viver uma vida com relações mais saudáveis.

Nós mulheres, frequentemente, nos sentimos confusas em relação aos nossos sentimentos e emoções, devido a uma complexa interação de fatores sociais e pessoais. As experiências pessoais, como traumas passados ou relações disfuncionais, contribuem para uma relação complicada com as nossas emoções. Esse movimento pode nos levar a duvidar de nossas próprias respostas emocionais e a nos fazer questionar se nossas emoções são realmente válidas.

Existe uma infinidade de informações mais sobre este assunto, mas por enquanto é importante que você saiba que ao trabalhar o entendimento e a aceitação dessas complexidades em nossas vidas já estará dando um grande passo.

6

UNIVERSO EMOCIONAL DA MULHER

CAPÍTULO 6

Assim como o vasto universo do espaço sideral está cheio de constelações, planetas e forças misteriosas, o universo emocional da mulher é uma construção rica e complexa, onde emoções se entrelaçam, brilham e, às vezes, colidem. Com seus próprios sistemas de energia e movimento, esse universo emocional não só define quem somos, mas também revela camadas da nossa história e essência. Entender essa galáxia interna, decifrando suas nuances, reconhecendo os astros e nomeando as emoções, é essencial para nos conhecermos de forma mais profunda e verdadeira.

Por que é importante conhecer, identificar e nomear nossas emoções?

Porque quando compreendemos o que sentimos, vamos ajustando, pouco a pouco, a nossa órbita, direcionando a nossa viagem da vida para onde realmente desejamos ir.

Quantas vezes, experimentamos uma emoção e, sem perceber, atribuímos a ela um nome que não corresponde à sua essência? Esse desencontro acontece porque, ao longo da vida, aprendemos a mascarar sentimentos profundos, protegendo-nos de situações que nosso interior evita, a todo custo, enfrentar. *"O que é isso que estou sentindo afinal? Por que parece que uma parte de mim está tranquila, enquanto a outra está tomada pela inquietação?"*. Ansiedade pode esconder tristeza, irritação pode encobrir medo, e muitas vezes nos percebemos em conflito com nós mesmas, lutando para entender o que, de fato, se passa dentro de nós.

Às vezes, podemos nos ver dizendo que estamos com raiva, mas, bem lá no fundo, na verdade, estamos realmente tristes. Outras vezes, usamos a raiva como um escudo protetor para esconder a dor da tristeza, como se a raiva fosse a nossa armadura. Não conseguimos perceber a tristeza de uma forma muito mais clara. A raiva camufla a tristeza sentida. Parece que estamos lutando contra as emoções, escondendo-as embaixo do tapete emocional como se fossem a bagunça do quarto que não queremos encarar.

A maioria de nós, enfrenta essa dificuldade de perceber, nomear e entender nossas emoções. No entanto, é necessário compreender que, para lidar com nossos sentimentos de forma saudável e eficaz, precisamos ser capazes de identificá-los com clareza. É como se tivéssemos um conjunto de chaves que abrem portas diferentes em nosso coração, e saber qual chave corresponde a qual emoção é essencial para navegarmos com destreza nas águas turbulentas do nosso universo interior.

Por que isso é tão importante? Porque a compreensão e a nomeação de nossas emoções são a base para lidarmos com elas de forma saudável, mais adaptativa e eficaz. Afinal, fica bem mais difícil resolver um quebra-cabeça se não soubermos qual é a imagem completa, não é verdade? Entender nossos sentimentos nos permite escolher os caminhos adequados para cada situação e emoção, bem como nos ajuda a encontrar maneiras mais saudáveis de enfrentar os desafios emocionais que a vida nos apresenta. Com o tempo, conseguiremos também dissolver essas camadas de proteção e nos aproximar do que realmente habita em nosso ser mais íntimo.

Imagine, por exemplo, se soubéssemos que, sob a camada de raiva, está a tristeza que dói em nosso coração. *"Será que é raiva mesmo, ou estou disfarçando algo mais profundo? Por que tudo parece tão misturado?"*. Seríamos capazes de acolher essa tristeza com gentileza e amor, em vez de escondê-la sob uma fachada de raiva. Quantas pessoas explodem, na tentativa de liberar a raiva, mas na verdade estão sofrendo internamente com a tristeza escondida em sua alma? E então, sua agressividade em relação aos que estão próximos, ao mundo e até contra si mesma, é reflexo desta tentativa, muitas vezes inconsciente, de "esconder a emoção real" para não lidar com ela. Quantos desentendimentos seriam evitados, quantas outras feridas não seriam abertas, se apenas esta pessoa tivesse vivenciado sua tristeza, tentando compreender e acolhê-la, buscando apoio e ajuda? Até a sua própria ferida teria tido uma maneira mais saudável de ser curada. É algo para refletir, não é mesmo?

Através dessa exploração de nossos sentimentos, podemos nos tornar mais capacitadas para enfrentar nossos próprios desafios emocionais, compreender melhor nossas reações e encontrar maneiras mais saudáveis de expressar nossas emoções.

É necessário saber que experiência emocional humana é complexa e multifacetada, e que não há um número fixo ou consenso absoluto sobre quantas emoções podem ser vivenciadas pelo ser humano. Existem diferentes teorias e abordagens que nos oferecem listas variadas de emoções, algumas mais abrangentes e outras mais específicas. Dentro da psicologia reconhecemos uma ampla gama de emoções, incluindo as básicas, como alegria, tristeza, raiva, medo, surpresa e nojo, bem como emoções mais complexas e nuances emocionais.

Não temos como saber um número exato, mas o essencial e mais apropriado é pensarmos nas emoções como um espectro contínuo, com a capacidade de combinações e variações infinitas. Cada pessoa pode experimentar emoções de maneiras únicas, influenciadas por fatores individuais, culturais e contextuais. A riqueza e diversidade das emoções humanas tornam a experiência emocional profundamente pessoal e enriquecedora.

Compreendemos que não é possível abranger todas as emoções que os seres humanos podem vivenciar. Portanto, vamos destacar as 30 emoções/sentimentos/sensações mais amplamente experimentadas pela humanidade. Esta tabela busca oferecer uma visão panorâmica, convidando você a explorar e compreender as nuances do espectro emocional humano.

Um guia das 30 principais emoções/sentimentos/sensações

Admiração	Desespero	Melancolia
Alívio	Desprezo	Nojo
Amor	Empatia	Ódio
Ansiedade	Empolgação	Orgulho
Arrependimento	Esperança	Raiva
Calma	Euforia	Satisfação
Ciúmes	Felicidade	Surpresa
Confiança	Gratidão	Tédio
Culpa	Inveja	Tristeza
Desânimo	Medo	Vergonha

Algumas vezes, parece que nossas emoções e sentimentos têm vida própria. Já reparou isso? *"Estou tão tomada por isso que parece impossível pensar com clareza. É como se estivesse tentando enxergar no meio de uma descontrolada e imensa tempestade interna."*. Sentimos como se um ser ou entidade tomasse posse, controlando as nossas decisões e comportamentos, enquanto ficamos observando em pânico as coisas saindo do lugar. É como se nossas próprias emoções tomassem as rédeas dos nossos pensamentos, e apenas seguimos sem questionar. E a confusão emocional fica ainda maior quando experimentamos mais de uma emoção simultaneamente. Mas saiba que isso é perfeitamente normal. Sentir mais de uma emoção ao mesmo tempo, também faz parte da incrível complexidade da experiência humana. Pode parecer confuso, até mesmo um tanto assustador, mas é algo que acontece com muito mais frequência do que imaginamos.

"É estranho... em parte me sinto feliz, mas, ao mesmo tempo, algo dentro de mim ainda parece sussurrar dúvidas e medos." Nos sentimos imersas em emoções ambíguas, que nos angustia e nos confunde como se não pudéssemos carregar no peito estas emoções. Quem nunca se viu amando e odiando alguém ao mesmo tempo? É quase como a trama de uma comédia romântica! A questão é que acreditamos que amar e odiar não podem coexistir. Mas, na vida real, a ambiguidade é mais comum do que pensamos. E adivinhem o que acontece quando tentamos separar essas emoções? A ansiedade aparece como uma convidada não solicitada, pronta para unir todos os sentimentos novamente, e geralmente fazendo uma enoooooorme bagunça no processo. E voltamos para o caos, de novo!

Perceba que aceitar essas emoções ambíguas e aprender a lidar com elas requer um processo de autoconhecimento e autocompaixão. Frequentemente, tentamos suprimir, ignorar ou lutar contra emoções ambíguas, acreditando que isso nos tornará mais fortes ou mais "controladas". No entanto, o que geralmente acontece é que essa luta interna cria uma confusão emocional ainda maior.

O que precisamos mesmo é explorar essas emoções ambíguas com curiosidade, em vez de julgamento. Não adianta muito tentar empurrá-las para bem longe. Devemos nos aproximar com gentileza e compreensão. Lembra do convite para o café? Convide esta emoção para conversar. Porque reconhecer que é humano sentir emoções contraditórias, é libertador. É como aceitar que dentro de nós existe um vasto oceano emocional, com ondas de sentimentos complexos.

Saiba que a aceitação destas emoções, abrirá espaço para uma experiência de maior autenticidade emocional. E isso também nos permitirá viver de acordo com nossos próprios valores, em vez de tentar nos encaixar em moldes impostos pelos outros, pela nossa autocrítica exagerada ou experiências passadas.

Estas emoções, na maioria das vezes, atuam como sinalizadores, apontando para a complexidade de nossos padrões emocionais. Quando não conseguimos nomear ou reconhecer essas emoções contraditórias, é como se estivéssemos perdendo pistas valiosas para entender nossas reações (para entender a nós mesmas!).

Quando nos aprofundamos na exploração das emoções ambíguas, somos conduzidas a uma descoberta mais ampla de nossos padrões emocionais. E isso é só o início de um "redescobrir a si mesma"! Identificar esses padrões é essencial para entender o que desencadeia nossas emoções e, por conseguinte, para oferecer uma resposta mais saudável a elas. Todo esse movimento nos ajudará também a identificar tendências e recorrências, revelando por que certas situações desencadeiam respostas específicas.

Quantas vezes nos vemos em situações onde, ao sermos rotuladas como "incompetentes", experimentamos uma sensação avassaladora de frustração e infelicidade? Ou quando nossas palavras são contraditas, nosso estado emocional se transforma em irritação e raiva? Até mesmo a simples presença da chuva pode evocar um sentimento de tristeza. É nesses momentos que nossos padrões emocionais se tornam evidentes.

No entanto, é fundamental discernir entre **emoções reais** e **reações automáticas**. Por exemplo, algumas pessoas, quando esgotadas de energia, podem parecer tristes e deprimidas, quando na verdade estão apenas necessitando de um momento para recarregar suas energias. Reconhecer essa distinção é essencial, pois a confusão entre um esgotamento energético e uma condição como a depressão pode nos levar por caminhos que não contribuem para nosso bem-estar. Por isso, é sempre importante conversar com especialistas que possam ajudar a esclarecer os sintomas e oferecer um diagnóstico apropriado.

Eu sei que este é um assunto complexo e talvez até pareça meio cansativo de acompanhar, mas saiba que entender como tudo isso funciona é essencial para lidarmos melhor com o que sentimos. E um dos elementos centrais em nossa experiência emocional é a importância dos significados que atribuímos aos nossos pensamentos e emoções.

Um pensamento, por si só, é uma construção efêmera, uma passagem fugaz pela paisagem mental. No entanto, quando conferimos a ele significado e importância, quando verdadeiramente nos importamos com ele, a narrativa se desdobra e ele pode se transformar em uma crença, moldando nossa visão de mundo e influenciando nossa resposta emocional.

Assim como um pensamento, a emoção é intrinsecamente vinculada ao contexto. Tanto os fatores internos quanto os externos desempenham um papel fundamental em sua eclosão. A atribuição de significado, a um pensamento ou a uma ação de outrem, é o ponto importante que nos orienta se experimentaremos uma determinada emoção ou se permaneceremos imperturbáveis. É neste intricado jogo de interpretação, percepção e atribuição de valor que reside a complexidade das emoções humanas.

O problema se manifesta quando esses significados se encontram distorcidos, a tal ponto que interpretamos situações neutras como ofensas pessoais, transformando-as em ataques. O ataque pode se manifestar de forma direta ou indireta, mas em algumas circunstâncias, não é um ataque de forma alguma, é apenas uma observação ou uma simples opinião.

Quando distorcemos a realidade e nos sentimos ofendidos,

a confusão e ambiguidade das emoções emergem, acompanhadas de medo e raiva, entre outros sentimentos. Nesse estado, é comum adotarmos comportamentos agressivos como mecanismo de defesa, prejudicando tanto nossas vidas quanto nossas relações.

No entanto, mesmo quando confrontados com ataques diretos, é possível manter uma energia equilibrada e uma abordagem construtiva. O cerne desse entendimento está na compreensão de que o que os outros pensam, dizem ou fazem está além de nosso controle. Contudo, **o controle sobre nossa própria resposta emocional e a maneira como lidamos com ofensas está firmemente ancorado em nosso poder de escolha**. Podemos optar por enfrentar as ofensas reais com resiliência e clareza, em vez de permitir que elas nos dominem de maneira destrutiva. E observe que não estamos falando em não responder por causa do outro, e sim sobre o quanto algumas "respostas emocionais" nossas impactam, principalmente, em nós mesmos, nos causando uma série de problemas físicos e mentais.

Este é outro daqueles assuntos, bastante intensos e amplos, que podemos explorar mais em outras conversas. O importante agora é percebemos que quando compreendemos a complexidade profunda das nossas emoções, dos padrões emocionais e da atribuição de significado, estaremos dando passos essenciais rumo à **maestria emocional**. E que ao desvendar as camadas de nossos pensamentos e sentimentos, nos tornamos mais conscientes de nossas reações e, assim, mais capacitadas a dirigir nossas vidas com mais clareza e equilíbrio.

Percebe que cada passo adiante nos leva a um estado mais profundo de autenticidade emocional e ao domínio de nossas respostas emocionais? Sim, este é um contínuo processo de exploração do nosso universo emocional. E neste espaço de descoberta, encontramos o poder de escolher como respondemos às situações e relacionamentos em nossas vidas.

7

AUTOVALIDAÇÃO DE SUAS EMOÇÕES

Capítulo 7

Em meus atendimentos, frequentemente recorro a uma ilustração que ressoa profundamente com a importância da validação emocional. Imagine uma cena comum: uma criança que, ao machucar o dedinho, se depara com o mundo escorrendo por entre seus dedos na forma de sangue. Para alguns adultos, a reação natural pode ser minimizar o incidente, afirmando que *"não foi nada"* ou que *"foi só um furinho, não há motivos para chorar"*. No entanto, a perspectiva dessa criança é única, uma sensação de que o mundo está desmoronando porque seu próprio sangue escapa por um pequeno ferimento: *"Vocês não entendem, vou morrer e o mundo vai acabar por causa deste furinho"*. Para a criança, ouvir que "não foi nada" pode também deixar a mensagem de que suas emoções não são válidas, que não há espaço para o que ela sente na realidade do mundo. E esta sensação poderá se transformar na crença de que *"Não adianta reclamar minhas emoções, preciso estar sempre bem. Não importa como ou quanto de energia eu vou precisar gastar para manter a imagem de alguém forte para o mundo."*

Essa narrativa é uma janela para a compreensão de como cada pessoa vive suas emoções de maneira singular. Para alguns, o machucado pode parecer trivial, mas para outros, pode carregar um peso emocional enorme. Utilizo essa história em meus atendimentos para ilustrar a diversidade de experiências emocionais e destacar o quanto precisamos validar nossos próprios sentimentos. E entender que, muitas vezes, a dor que estamos sentindo é real para nós, mesmo que para os outros apenas pareça um "furinho pequeno no dedo".

"Ah, mas é apenas um furinho mesmo. A criança precisa entender isso." É verdade. Porém, no abrupto romper dor, talvez não

seja o momento propício para ensiná-la sobre a proporcionalidade das emoções.

A questão aqui é o acolhimento inicial, é aquele momento em que você chega perto da criança e, com seus gestos ou palavras, a faz perceber que você compreende o quanto está sendo difícil para ela lidar com a situação. É ela perceber que não precisa se sentir sozinha passando por "tudo" aquilo. E então, só depois que ela se sentir mais segura e acolhida, é que podemos pensar em falar "com jeitinho" sobre a vida, nossas reações e proporcionalidade dos acontecimentos. Sim, talvez este é o ponto em que entraria a conversa para ela entender que foi realmente um furinho.

E aqui vem algo interessante: esta criança que chora ou sente dor, muitas vezes, está dentro de nós, solicitando e esperando apoio. Por isso, ao acolhermos a nossa criança ferida, oferecemos, ao "nosso adulto", o mesmo conforto e validação que buscaríamos para ela (criança).

A autovalidação emocional é um ato de autocompaixão que se estende ao longo de toda a nossa vida. Reconhecer e aceitar nossas emoções como legítimas é o primeiro passo para construir um relacionamento interno saudável. Essa prática nutre não apenas nossa saúde emocional, mas também nos capacita a enfrentar desafios com uma base sólida de autoentendimento e autenticidade.

Infelizmente, a vida, a família e a sociedade, algumas vezes, nos condicionam a minimizar ou ignorar nossas emoções, rotulando-as como exageradas ou desnecessárias. No entanto, a autovalidação desafia essa narrativa, incentivando-nos a abraçar plenamente nossos sentimentos, independentemente de sua intensidade ou natureza. E sem depender também do peso da validação de outras pessoas. Este é um passo difícil, mas necessário. É um ato de autonomia emocional, uma afirmação interna de que nossas experiências emocionais são válidas e merecem ser reconhecidas, principalmente por nós mesmas.

No centro da autovalidação está o cultivo da autenticidade emocional. E ao compreender e aceitar nossos próprios sentimentos, estamos construindo uma fundação sólida para relacionamentos mais significativos e uma conexão mais profunda internamente.

É interessante perceber que este comportamento não implica necessariamente concordar com todas as emoções, mas sim em reconhecê-las como legítimas e merecedoras de serem compreendidas. É um convite para trazer compaixão ao diálogo interno e acolher a diversidade de sentimentos que surgem em nossos caminhos.

Na construção ou resgate da autenticidade, precisamos aprender a trabalhar a autovalidação das emoções, afinal é também um ato de amor-próprio. É a decisão consciente de honrar a riqueza e a complexidade de nossas experiências emocionais, reconhecendo que cada sentimento tem seu propósito e seu espaço para existir.

Ao compreendermos a importância da autovalidação, nós podemos desbloquear um poderoso recurso para o fortalecimento da autoestima e a construção de uma resiliência emocional duradoura. Reconhecer e validar nossas próprias emoções é como oferecer uma mão gentil à nossa essência interior, permitindo-nos abraçar plenamente quem somos, com todas as nossas complexidades e nuances emocionais. Difícil? Talvez! Possível, sim!

Cada emoção é uma peça valiosa de nosso quebra-cabeça emocional e ao compreendermos isso, podemos iniciar um diálogo interno compassivo, onde nos permitiremos sentir, sem julgamento.

Ah, o julgamento interno!

Esta complexidade das emoções femininas é um intrigante e multifacetado terreno emocional que deve ser explorado com compaixão e entendimento. Somos diariamente influenciadas por uma interseção de fatores hormonais, sociais e culturais, que forma este vasto espectro emocional, muitas vezes confuso, com diversas cores e tonalidades.

Entretanto, é essencial reconhecermos a riqueza dessa experiência, a respeito de como podemos vivenciar uma ampla gama de emoções em diferentes contextos. Desde a alegria radiante até a tristeza profunda, essas emoções são elementos intrínsecos na nossa narrativa, moldando a forma como percebemos o mundo e nos relacionamos com os outros e, principalmente, com nós mesmas.

OS DESAFIOS PARA A AUTOVALIDAÇÃO

Você sabia que as mulheres que praticam a autovalidação estão mais propensas a cultivar uma autoestima robusta, pois aprendem a abraçar todas as facetas de si mesmas, sem reservas ou autocrítica excessiva? Se você ainda não se sente assim, saiba que **é possível tornar-se uma mulher com autoestima equilibrada e saudável.**

A relação entre autovalidação e autoestima é profunda e fundamental para compreendermos a nossa experiência emocional. Ao conectar esses dois elementos, percebemos o quanto validar nossas próprias emoções impacta no desenvolvimento e fortalecimento da nossa autoestima. Reconhecer a legitimidade de cada sentimento, seja de alegria, tristeza, raiva ou vulnerabilidade, é um importante passo para construirmos uma autoimagem positiva e saudável. E este comportamento nos permite respeitar nossos sentimentos e nos tratar com mais compaixão e confiança, independentemente das flutuações emocionais que possam surgir em nossas vidas.

"Fico fingindo que está tudo bem quando, por dentro, algo está gritando... Por que faço isso? É medo de me ver, ou de ser vista

pelos outros?"

Os desafios enfrentados pelas mulheres ao buscar a autovalidação são complexos. Uma das barreiras significativas reside nas pressões, internas e externas, que podem resultar em uma constante avaliação interna dificultando o reconhecimento e a validação autêntica de nossas próprias experiências emocionais.

Para muitas mulheres, a autovalidação é dificultada pela tendência à autocrítica excessiva e autossabotagem. Em um mundo que, na maioria das vezes, valoriza a perfeição e o controle, não é raro ver algumas mulheres internalizando a ideia de que suas emoções devem se adequar a um padrão pré-determinado. Só que esse padrão é geralmente inatingível, o que leva à constante avaliação das próprias experiências emocionais, criando assim um ciclo de autocrítica altamente prejudicial.

É necessário compreender que começar o processo de autoaceitação é um ato de coragem e autenticidade. Essa é uma busca por reconhecer e abraçar as nuances de nossas próprias experiências emocionais. E não temos como trilhar este caminho sem passar por temas que desvendam os intricados aspectos da autocrítica, padrões internalizados e a libertação de expectativas irrealistas.

Quando explorarmos a conscientização desses padrões (a prática da autocompaixão, a desconstrução de expectativas irreais e a aceitação da vulnerabilidade), descobrimos ferramentas úteis que nos ajudam a desafiar a autocrítica severa e a cultivar uma autoaceitação profunda.

1. Conscientização dos padrões internalizados: quais são os padrões internalizados que influenciam a autocrítica? Reflita sobre a origem desses padrões, e saiba que eles estão frequentemente enraizados em experiências passadas.

2. Prática da autocompaixão: comece a se tratar com a mesma gentileza e compaixão que você ofereceria a uma amiga diante dos desafios emocionais.

3. Desconstrução de expectativas irrealistas: analise de perto as expectativas irrealistas que contribuem para a rigidez da autocrítica. Se proporcione um espaço para questionar e desafiar essas expectativas, reconhecendo que a perfeição não é lá uma meta tão realista. Afinal, quem é perfeito?

4. Aceitação da vulnerabilidade: aprenda a aceitar que a vulnerabilidade faz parte da experiência humana. Sei que não é fácil, mas compreenda que se sentir vulnerável não é sinal de fraqueza, mas uma manifestação autêntica da complexidade emocional que está vivenciando no momento.

5. Desenvolvimento da autoconsciência: desenvolva a autoconsciência emocional, e se permita, também, identificar e compreender suas próprias reações e padrões. Você pode explorar a técnica do *journaling* emocional para registrar e refletir sobre experiências emocionais diárias. Esta técnica também conhecida como escrita terapêutica, envolve o ato de registrar, conscientemente, as emoções, os pensamentos e as experiências pessoais em um diário.

6. Abraçar a diversidade emocional: a diversidade emocional é um componente essencial da riqueza humana. Desafie a ideia de que certas emoções são mais válidas ou aceitáveis do que outras, isto ajudará você em uma expressão emocional mais autêntica.

Perceba que tudo se liga ao processo de equilíbrio da autoestima. O fato de elevar a autoestima desempenha um papel importante no caminho para a validação dos próprios sentimentos e emoções, principalmente para nós mulheres. Quando cultivamos uma autoestima sólida, internalizamos um profundo senso de valor próprio e merecimento, o que, por sua vez, impacta diretamente na maneira como percebemos o mundo e validamos nossas experiências emocionais.

Toda esta questão envolve abraçar a autenticidade, reconhecendo e celebrando nossas conquistas, por menores que sejam, cultivando também uma linguagem interna positiva.

Mais do que nunca, precisamos promover atividades que nos tragam alegria, autocuidado e buscar por relações que nutram nosso bem-estar emocional, pois só assim poderemos fortalecer a autoestima.

8

UMA ABORDAGEM POSITIVA À MONTANHA-RUSSA EMOCIONAL

Capítulo 8

Já percebemos que a vida, com suas reviravoltas e surpresas, muitas vezes se assemelha a uma montanha-russa emocional, repleta de altos e baixos que nos levam em uma experiência intensa. No entanto, é relevante reconhecer que não precisamos viver aterrorizadas nessa montanha-russa. Em vez disso, podemos abraçar a emoção como uma parte intrínseca da experiência humana, transformando os apertos e descidas em oportunidades de aprendizado e crescimento.

Assim como em uma montanha-russa, onde a emoção é essencial para a experiência, a vida também ganha cor e vitalidade por meio das emoções que experimentamos. Nós podemos escolher encarar esses altos e baixos com uma perspectiva de diversão, e apesar do medo, encontrar beleza na complexidade das emoções. E, mais, em meio a tantos desafios, podemos também acordar a nossa resiliência.

Ah, e o que dizer da montanha-russa emocional da vida amorosa? Esta é uma experiência que muitas de nós conhecemos bem, não é mesmo?

Vamos chamar nossa protagonista de Brenda, uma mulher incrível que, por anos, viu sua vida amorosa como uma montanha-russa desgovernada. Brenda embarcava em relacionamentos cheios de subidas emocionantes, apenas para se encontrar em descidas vertiginosas de incerteza e confusão.

Brenda acreditava que a vida amorosa deveria ser sempre uma subida emocionante, uma aventura constante. No entanto, quando os altos eram seguidos por baixos, ela se sentia perdida, questionando se estava fazendo algo errado. *"Será que eu sou a única a sentir isso?"* ela se perguntava, olhando para os casais ao seu redor, presumindo que suas montanhas-russas emocionais eram sempre suaves, equilibradas e emocionantes.

Foi então que Brenda decidiu fazer uma parada estratégica na estação chamada "Autoconhecimento". Ao explorar suas emoções, ela descobriu que a montanha-russa emocional era uma parte natural da vida, cheia de curvas inesperadas e *loops* que a faziam sentir-se viva. Através do processo terapêuticos, Brenda aprendeu a reconhecer os padrões que a faziam repetir os mesmos ciclos emocionais. Ela começou a abraçar suas emoções, mesmo as que pareciam desafiadoras. Percebeu também que a verdadeira magia estava em aceitar a montanha-russa emocional como uma oportunidade de crescimento, em vez de uma fonte constante de angústia. Ela começou a orientar melhor seu "carrinho", deixando de ir por caminhos conturbados, cheios de *loops*, curvas fechadas e descidas ameaçadoras.

Ao adotar uma abordagem mais flexível em relação às emoções e aos relacionamentos, Brenda começou a ver a vida amorosa como uma aventura autêntica, repleta de altos e baixos, mas, acima de tudo, cheia de aprendizado e autodescoberta. <u>Ela percebeu que se estivesse bem, com autoestima equilibrada e consciente de seus processos emocionais, não importava o *loop*, ela conseguiria sempre voltar ao ponto de equilíbrio.</u> Agora ela poderia experimentar trilhos com percursos mais tranquilos a maior parte do tempo, sem deixar de ter boas emoções.

Brenda compreendia que era inevitável experimentar sentimentos como medo, ansiedade, e até mesmo um toque de dor e decepção ao longo do caminho. Ela entendia a importância de reconhecer que não temos o poder de impedir que essas emoções venham, assim como não podemos controlar as ações dos outros que, por vezes, nos decepcionam. Contudo, Brenda escolheu, de forma consciente, viver a experiência dessas emoções sem que se transformassem em grandes traumas, percebendo que a verdadeira chave reside em lidar com tudo isso de forma mais saudável e construtiva.

A lição que Brenda compartilha conosco é que a montanha-russa emocional também pode ser um convite para a autenticidade e crescimento. Não temos controle sobre algumas partes da montanha-russa e, às vezes, precisamos aprender a abraçar as curvas e descidas para apreciar verdadeiramente a vista lá do alto. Quem sabe, talvez até soltar um grito de emoção no meio do caminho. Porque, afinal, na montanha-russa emocional da vida, cada reviravolta pode nos levar a lugares surpreendentes, não é mesmo?

E nesta aventura emocional que chamamos de vida, na maioria das vezes, tentamos dar sentido a cada emoção como se fôssemos detetives em busca de pistas secretas. Você já se sentiu assim? Tentando desvendar o "sentido" das coisas? Mas, querida leitora, vamos combinar que essa busca incessante por significados, às vezes, ativa o gatilho que dispara a ansiedade, nos deixando muito mais confusas do que um labirinto sem saída.

"Por que sinto que preciso de respostas para tudo? Será que, lá no fundo, há algo que eu ainda não consigo aceitar? Será que, se eu encontrasse o sentido, essa inquietude iria finalmente cessar?"

Se nossa vida emocional se parece com uma montanha-russa, repleta de subidas emocionantes e descidas vertiginosas. Imaginem como ficaria a nossa mente, se durante o passeio, tentássemos decifrar o porquê de cada curva e *loop* ao longo do caminho. Certamente transformaríamos essa experiência, que poderia ser emocionante, em algo angustiante.

A busca por sentido faz parte da nossa natureza curiosa e inquisitiva. A questão é que, muitas vezes, ficamos ansiosas tentando encontrar um sentido profundo em cada emoção. Como se a tristeza, a raiva ou o medo precisassem vir acompanhados de um manual de instruções emocionais.

Mas, aqui entre nós, nem toda emoção precisa ter um significado grandioso e revelador. Às vezes, uma emoção é apenas isso, uma emoção. E está tudo bem sentir sem mergulhar numa busca incessante por respostas metafísicas, sem precisar intensificar suas emoções ao máximo. Acolha, sinta e depois deixe ir. Às vezes, só precisamos disso.

É necessário compreender que nossas crenças sobre emoções são como lentes coloridas que usamos para enxergar o mundo. Algumas vezes, estamos com as lentes do *"não posso sentir isso"*, outras vezes com as do *"isso é inaceitável"* ou *"isso não é para mim"*. E adivinhem? Essas lentes distorcem nossa visão emocional de uma maneira que deixamos de ver a vida (e vivê-la) como realmente deveríamos ver.

A crença de que as emoções *"não estão fazendo sentido"*, muitas vezes, nos arrasta para a ruminação emocional. É como se estivéssemos presos em um ciclo de reflexão sobre o significado de cada emoção, uma análise incessante que, ao invés de nos proporcionar clareza, nos mantém em um estado de maior confusão. É evidente que em algumas situações há um sentido. Mas para buscar esse "sentido" nossa mente precisa estar pronta.

Lembra da organização do armário? Pois é, se tudo estiver bagunçado, como vamos achar alguma coisa, não é verdade? Por isso, é tão importante saber o momento de aprofundar no sentido das coisas, no sentido das emoções que se apresentam em nossas vidas. Não adianta tentar "encaixá-las" em algum "sentido", se você não tem nem clareza de onde está.

"O que realmente estou buscando aqui? Talvez eu só precise parar de tentar controlar tanto..."

A ruminação emocional é como ficar preso em um labirinto de pensamentos recorrentes e intrusivos, onde a mente parece girar em torno de um mesmo ponto sem encontrar saída. É como uma canção repetitiva que, mesmo sem melodias agradáveis, ecoa persistentemente em nossas mentes. Nesse labirinto, revisitamos incessantemente eventos passados, questionando-nos sobre o significado profundo de nossas emoções.

Essa ruminação não apenas obscurece o caminho para a compreensão e aceitação, mas também nos impede de avançar e experimentar plenamente o presente. E lá estamos nós, de novo, sem vivenciar o "aqui e agora".

Essa busca por um sentido profundo pode se tornar uma armadilha, impedindo-nos de seguir em frente e explorar outras perspectivas mais saudáveis. Por isso que reconhecer essa tendência à ruminação, nos permite buscar melhores estratégias para direcionar nossos pensamentos, desvencilhando-nos do ciclo infindável e criando espaço para uma narrativa emocional mais construtiva e compassiva.

É importante ajustar as nossas lentes emocionais, abraçando a temporalidade das emoções e deixando de lado a procura incessante por um significado.

A grande verdade é que não temos um botão mágico para evitar sentir emoções. Elas vêm como ondas do mar, às vezes suaves, outras vezes parecendo um tsunami emocional. E sabe de uma coisa? Isso é totalmente normal. Afinal, quem não gostaria de surfar nas ondas da felicidade e se refrescar nas águas da serenidade? Infelizmente, às vezes, somos pegos de surpresa por uma forte onda. Ela vem como se não fosse impactar nossas vidas e então bate no peito e nos derruba. E quando nos arrasta em direção ao mar? Ficamos tontas e confusas, rolando com a água, emergindo e afundando, sem ter onde nos segurar. Quando passamos por isso, algumas de nós começam a rir, outras ficam frustradas. Bem, a verdade é que vamos sentir alguma emoção, isso é certo. Porém, o importante é não deixarmos de vivenciar a experiência. E talvez, mudar a perspectiva com que observamos essa vivência, pode nos ajudar bastante e até trazer leveza para o que estamos vivendo.

Ao pensar em ajustar nossas lentes, é primordial compreender que as emoções são transitórias. Dizer que as emoções são temporárias é uma afirmação embasada na compreensão da natureza efêmera dos estados emocionais. **As emoções são respostas adaptativas a estímulos internos e externos, influenciadas por nossos esquemas emocionais.** Os esquemas emocionais são padrões mentais profundos e duradouros que moldam a maneira como interpretamos e respondemos às situações. Entender que as emoções são temporárias não nega a intensidade ou autenticidade dessas experiências, mas ressalta a dinâmica fluida desses estados.

Ao reconhecermos a transitoriedade das emoções, permitimos espaço para uma abordagem mais flexível diante das situações. Isso significa compreendermos que, assim como as nuvens que passam pelo céu, as emoções também vêm e vão. E é essa consciência que promove uma maior resiliência emocional e nos possibilita enfrentar desafios com uma perspectiva bem mais equilibrada.

Sabe o que é legal dessa compreensão da temporalidade das emoções? É que ela sugere que não estamos presas a um estado emocional específico de forma permanente. Não, não iremos viver isso eternamente! Pelo menos, não deveria ser assim. Isso é muito importante de lembrar! As emoções não vão durar para sempre. E com esta certeza, podemos nos sentir mais encorajadas a explorar estratégias saudáveis de enfrentamento e a buscar um entendimento mais profundo das necessidades emocionais subjacentes.

Quanto mais reconhecemos a natureza dinâmica e transitória desses estados emocionais, mais refletimos sobre: como podemos acolhê-las, compreendê-las e integrá-las de maneira mais saudável em nossa experiência emocional.

Veja o quanto as emoções são como passageiras em uma montanha-russa, prontas para nos levar a alturas inexploradas e descidas íngremes. E cientes de que a montanha-russa tem seus momentos de baixa e alta intensidade, também perceberemos que nossas emoções também têm seu papel temporário nesse percurso.

Observe a importância de reconhecermos a natureza das nossas emoções. Quando fazemos isso, damos permissão para que elas fluam, como curvas imprevisíveis em um parque de diversões emocional. E é essa consciência que nos capacita a vivenciar a montanha-russa emocional com uma abordagem mais serena. Trazendo para as nossas mentes a certeza de que, assim como cada subida e descida, cada emoção tem seu momento; e eles nos proporcionam uma oportunidade constante de amadurecimento.

9

O IMPACTO DO MEDO NA VIDA DAS MULHERES

CAPÍTULO 9

E lá vamos nós, falar dos nossos medos...

Eu sei que "dá medo falar dos nossos medos", mas não precisamos sempre transformar esta experiência em um filme de terror. O medo pode ser tão assustador quanto um monstro debaixo da cama quando éramos crianças. Mas, se observássemos bem, os monstros que tanto nos perturbavam ao dormir, muitas vezes, não passavam de meias sujas e brinquedos esquecidos no chão.

O medo é uma emoção natural que, às vezes, chega a nos paralisar. Só não podemos deixar que ele domine a nossa vida. Anote isso!

Em minhas próprias aventuras emocionais (bem antes de me tornar psicóloga e trabalhar com terapias), o medo costumava aparecer sem convite, como um intruso indesejado em uma festa.

No começo, eu tentava brigar com ele, ignorá-lo, até mesmo fingir que ele não estava lá. Mas percebi que estar em guerra com o medo não era nada saudável. Sentia como se estivesse em uma luta de braço com um campeão invicto: eu sempre acabava esgotada, e ele parecia estar sempre rindo de mim.

Foi então que tive a ideia de convidá-lo para um café, uma tática que sempre achei irresistível, já que sou apreciadora de um bom café. E adivinhe? Essa conversa provou ser muito mais eficaz do que tentar lutar com o medo.

Com suas xícaras fumegantes, sentamos eu e o Medo com sua presença ansiosa. E perguntei: *"O que você está tentando me dizer?"*

Foi um bate-papo revelador. Descobri que o Medo, na verdade, era um zelador excessivamente preocupado. Ele estava lá para me proteger, mesmo que isso significasse me manter no mesmo lugar com uma bolha protetora ao meu redor.

A partir desse encontro casual, aprendi a agradecer ao Medo por suas preocupações excessivas e, ao fazê-lo, comecei a tomar decisões mais conscientes em minha vida.

Estabelecemos novos limites, afinal a vida é cheia de riscos e viver plenamente envolve sair de nossa zona de conforto. Percebi que, de vez em quando, precisava arriscar e explorar novos caminhos.

Aos poucos, o Medo começou a entender que não era necessário me manter imobilizada, e nossa relação começou a evoluir para uma parceria mais saudável, onde ele se tornou um aliado, em vez de um obstáculo. Ele podia continuar sendo um fiel condutor que me avisava quando eu precisava tomar cuidado.

Embora a história do café com o "medo" possa parecer algo fictício e até engraçado, ela é real. E nos lembra de uma verdade profunda e essencial: <u>é necessário se conhecer, compreender nossas emoções e saber como lidar com elas.</u> O medo, assim como outras emoções, desempenha um papel importante em nossas vidas, e ignorá-lo ou lutar constantemente contra ele pode nos impedir de viver plenamente. Sendo bem sincera com você, através desse diálogo interno, aprendi que abraçar nossas emoções, em vez de negá-las, poderia nos levar a uma transformação pessoal surpreendente. E confesso que foi libertador!

"Mas, você ainda tem medo?". Claro, quem aí não sente? A diferença é que agora, eu converso com ele. Ouço suas preocupações e receios (com o que pode ou não acontecer), pondero diante da realidade que está a minha frente, e vou em busca de um equilíbrio. Algumas vezes avançando, apesar do medo, outras recuando, mas sempre oferecendo um espaço para compreender e acolher minhas emoções.

É interessante notar que muitas mulheres carregam em seu íntimo um medo profundo da vida, com todas as complexidades. Este medo pode ser alimentado por uma série de fatores, desde expectativas sociais rígidas até experiências passadas que deixaram cicatrizes emocionais. Entretanto, entender por que esse medo persiste é o um dos passos mais significativos para superá-lo.

Sempre é importante compreender que o medo pode ser debilitante, mas também que ele é uma resposta natural às situações de perigo. O problema é quando o medo se torna crônico e nos impede de viver, aí então é hora de analisarmos mais de perto qual a sua verdadeira causa ou origem.

Claro que o medo nem sempre é fácil de identificar. Pode estar enraizado em experiências anteriores, nas vozes críticas que ouvimos quando éramos jovens ou nas expectativas que nos são impostas. Às vezes, o medo é resultado de situações não resolvidas. Ele deriva de pensamentos restritivos que nos dizem que *"não somos suficientes"*, que *"não merecemos a felicidade"* ou que *"devemos seguir um roteiro estrito para sermos aceitáveis"*.

Como já vimos, essas crenças criam uma lente distorcida pela qual vemos o mundo e interpretamos as situações. Elas podem se tornar vozes internas negativas que nos seguem ao longo da vida, reforçando o medo e a autodúvida, criando assim um ciclo prejudicial.

- **Medo do Fracasso** – Quantas vezes você já se segurou porque tinha medo de falhar? Talvez tenha evitado buscar uma nova carreira ou não tenha dado um passo adiante em um relacionamento porque pensou: *"E se eu não conseguir?"*. Este é um desafio comum enfrentado por muitas mulheres, geralmente enraizado em pressões familiares/sociais, expectativas de perfeição e autoexigência. Ele pode surgir de experiências passadas ou do pensamento de que qualquer erro é inaceitável. No entanto, podemos nos libertar desse medo reconhecendo que o fracasso é uma parte natural do nosso crescimento e projeto de sucesso. E sim, se algo não deu certo de um jeito, tenta-se de outro, mas o importante é não desistir. Todos que alcançam grandes êxitos passaram, inequivocamente, pelo fracasso.

- **Medo da Rejeição** – Você já deixou de seguir seu coração ou de expressar suas opiniões porque tinha medo de não ser aceita ou amada? Este é um obstáculo, com raízes na nossa necessidade de aprovação. Esse medo pode ser alimentado por experiências passadas de rejeição (real) ou por crenças profundas de que a situação vivida foi uma rejeição pessoal. Para superar o medo da rejeição, podemos começar por reconhecer que a rejeição não define nosso valor. Nem todas as situações de rejeição são um reflexo da nossa identidade.

- **Medo do Desconhecido** – Ah, o medo do desconhecido! Ele é como uma porta fechada em nossas mentes, nos impedindo de explorar novas oportunidades e aventuras. Este medo está, geralmente, vinculado à necessidade de controle e segurança. Ele pode surgir quando enfrentamos mudanças e precisamos tomar decisões arriscadas ou quando pensamos em explorar novas oportunidades. Para superar o medo do desconhecido, primeiramente temos que começar a reconhecer que a incerteza faz parte da vida e que não é possível prever ou controlar tudo. É preciso nos lembrar de que, muitas vezes, as coisas mais incríveis acontecem quando saímos da zona de conforto. Logo, confie na sua intuição, pese os prós e contras, e arrisque-se mais, sem medo de errar.

- **Medo de "Ser Autêntica"** – Este é um temor traiçoeiro que nos faz esconder nossa verdadeira essência por medo de julgamento ou crítica. Para algumas mulheres, ele pode ter sido construído com base nas experiências do passado, em que elas tinham que esconder sua verdadeira identidade para se sentirem aceitas em algum grupo ou família. Precisamos ter muito cuidado, pois este é um daqueles medos que podem nos levar à anulação de nossas vozes e à adoção de máscaras para nos encaixarmos nas expectativas dos outros. Para superar o medo de ser autêntica, podemos começar reconhecendo que nossa singularidade é um ativo valioso. Acredite: o mundo precisa da sua singularidade, da sua voz e da sua autenticidade. Transforme aquele medo de ser autêntica em um novo mantra: *"Eu sou única, e isso é incrível! Vou abraçar minha autenticidade com orgulho."*

O medo pode ser como uma sombra, escondendo-se atrás de justificativas, pequenas desculpas, e às vezes até de uma aparente "falta de vontade". Ele tem raízes profundas, que muitas vezes se entrelaçam em nossas experiências, memórias e crenças. Ao invés de ignorá-lo ou simplesmente tentar silenciá-lo, é necessário trazê-lo para a conversa, mesmo que para isso tenhamos que adotar uma postura firme. Reconhecer seu peso, escutá-lo sem dar o controle a ele, e questioná-lo com clareza, pode nos ajudar a descobrir o que ele realmente quer nos mostrar. Esses são passos importantes para, de forma consciente, tomarmos as rédeas da nossa própria vida.

Pronto! Já demos o pontapé inicial para falarmos sobre o medo.

Agora, respire bem fundo novamente... tome um bom gole daquele chá, ou café, e vamos continuar nossa conversa.

10

MEDO OU PROCRASTINAÇÃO – O QUE REALMENTE NOS IMPEDE DE AVANÇAR?

CAPÍTULO 10

No labirinto da vida, o medo, com muita frequência, assume o papel do gigante que bloqueia o caminho para a liberdade e a autenticidade. Para muitas mulheres, essa emoção poderosa pode ser um fardo pesado que limita suas ações e sonhos. O medo pode assumir muitas formas. Ele pode nos impedir de perseguir nossos objetivos, criar barreiras na comunicação e até mesmo afetar nossa saúde física e mental. E quando vivemos sob o domínio do medo, deixamos de ser quem realmente somos e nos tornamos prisioneiras de nossas próprias inseguranças.

No dia a dia de nossas vidas, é comum enfrentarmos desafios, tomar decisões importantes e estabelecer metas significativas. No entanto, nem sempre está claro se a nossa hesitação e resistência, diante dessas situações, são resultado do medo genuíno ou simplesmente uma questão de procrastinação.

"Eu sinto essa resistência toda porque não quero fazer isso agora... ou porque tenho medo do que acontece se eu tentar?"

Aqui é importante lembrar que a procrastinação, ou um comportamento semelhante ao ato de procrastinar, é um desafio comum, especialmente para pessoas neurodivergentes – **TDAH** (Transtorno do Déficit de Atenção e Hiperatividade), **TEA** (Transtorno do Espectro Autista), **AHSD** (Altas Habilidades/Superdotação) entre outros casos. A dificuldade de organizar tarefas, seguir rotinas, lidar com demandas cotidianas é frequentemente intensificada por padrões de funcionamento cerebral que tornam essas atividades ainda mais desafiadoras. Esses aspectos são fundamentais e exigem compreensão e suporte adequados. Por isso, é essencial entender se a procrastinação que você enfrenta está relacionada a esses fatores, e uma avaliação diagnóstica pode ser necessária para reconhecer e lidar melhor com essas questões.

Neste livro não vamos nos aprofundar nesse terreno, a ideia é fazermos uma reflexão sobre o medo e a forma como estamos lidando com ele em nossas vidas. Vamos explorar como o medo, muitas vezes invisível, pode ser um grande inimigo no caminho para alcançar nossos objetivos. E embora as nuances da neuropsicologia sejam importantes (e eu adoro estudar sobre isso), <u>nossa intenção aqui é entender como o medo age como uma âncora que nos impede de avançar</u>.

Compreender a diferença entre medo e procrastinação é importante, pois nos ajuda a identificar e superar os obstáculos que nos impedem de seguir em direção às nossas metas. Quando entendemos isso, podemos vivenciar de forma mais eficaz as experiências diárias, identificando as raízes de nossas ações ou inações. Apesar de parecerem semelhantes, são experiências distintas com causas e soluções diferentes.

Já sabemos que o **medo** é uma emoção intensa que surge quando enfrentamos uma situação percebida como ameaçadora, desconhecida ou desafiadora. Ele é uma resposta natural a situações que consideramos importantes, e seu propósito é nos alertar e nos preparar para reagir. Nós podemos experimentar medo ao enfrentar mudanças significativas, tomar decisões importantes ou buscar algo que desejamos profundamente. Geralmente ele age de maneira paralisante, o que pode nos levar à procrastinação (protelar, deixar para depois), principalmente, quando evitamos agir em virtude da ansiedade gerada por ele.

Por outro lado, a **procrastinação,** frequentemente, envolve adiar tarefas ou ações que não são necessariamente temidas, mas são percebidas como chatas, cansativas ou desinteressantes. É um comportamento de evasão, onde adiamos o que precisa ser feito em prol de atividades mais agradáveis ou menos desafiadoras. Procrastinar (sem o peso de algum problema emocional mais profundo) <u>é um hábito</u>. E com o tempo (e repetição!), a procrastinação pode tornar esse hábito prejudicial, impedindo o nosso progresso em direção a metas e objetivos.

E como distinguir quando é medo ou apenas procrastinação? Uma das chaves para este questionamento está na origem da resistência. Refletir e fazer perguntas a si mesma é uma maneira de começar a distinguir se você está apenas procrastinando ou vivenciando um medo genuíno (apesar da aparente procrastinação).

1. **Qual é a origem da minha resistência?**

    Pergunte a si mesma por que você está adiando essa tarefa ou decisão.

2. **Estou evitando isso devido a uma emoção intensa?**

    Tente identificar as emoções que estão presentes. Se houver uma emoção intensa, como ansiedade ou insegurança, é mais provável que a raiz seja um <u>medo genuíno</u>.

3. **Qual é o pior cenário que estou imaginando?**

    Explore os cenários negativos que passam por sua mente. Se o pior cenário envolve consequências pessoais, como rejeição, fracasso ou julgamento, é um sinal de que o medo pode ser a fonte disso tudo.

4. **Já enfrentei situações semelhantes no passado?**

    Considere seu histórico pessoal. Se você já superou desafios semelhantes com sucesso, mas está enfrentando resistência agora, sem o peso emocional, pode ser somente procrastinação. Se o medo é consistente em situações semelhantes, é mais provável que seja medo genuíno.

5. **Estou me sabotando ou duvidando de minhas capacidades?**

Analise sua conversa interna. Se você está se criticando severamente, duvidando de suas habilidades ou se sentindo incapaz, o medo pode estar no controle. Se você está apenas adiando sem um diálogo interno carregado de medo, pode ser procrastinação.

6. **Estou adiando isso porque é chato ou desinteressante?**

Avalie se a razão para a resistência é a falta de motivação ou interesse na tarefa. Se não há um medo subjacente, é mais provável que seja procrastinação.

Essas perguntas podem servir como um guia inicial para analisar a origem da sua resistência. A procrastinação, muitas vezes, ocorre sem um medo subjacente, e a solução envolve estratégias para aumentar a motivação e a produtividade:

- Definir metas claras
- Dividir em metas menores
- Criar um plano de ação
- Determinar de prazos
- Eliminar as distrações
- Aplicar técnicas de gerenciamento do tempo
- Encontrar a motivação intrínseca (Por que esta tarefa é importante?)

- Buscar apoio (se necessário!)
- Criar um plano de recompensas a cada ciclo de tarefas cumpridas
- Celebrar suas vitórias
- Aproveitar e aprender com os erros

Lembre-se de que superar a procrastinação é um processo diário, por isso, experimente diferentes estratégias e ajuste-as conforme necessário para encontrar o que funciona melhor para você. Saiba que com prática e persistência, você pode liberar-se da procrastinação e alcançar suas metas de maneira mais eficaz. É uma questão de habituar-se a não protelar mais, procurando resolver o que for preciso, vencendo a vontade de "não fazer e deixar para depois". Ou seja, você precisa alterar o hábito.

Voltando ao medo: quando alguém está adiando uma tarefa ou decisão devido a um medo genuíno, é importante reconhecer e abordar essa emoção. Lembre-se de que, <u>em alguns casos, medo e procrastinação podem estar entrelaçados, mas identificar o elemento principal pode ajudar a abordar o problema de forma mais eficaz.</u>

E por que estou fazendo essa reflexão? Porque, algumas vezes, quando a pessoa está adiando tarefas importantes (ou não), é comum pensarem que ela está procrastinando apenas. *"É uma procrastinadora!"*. Então, lá está ela, adiando tudo até afazeres sem importância. E quem olha, vê nela uma expressão despreocupada, como se estivesse tranquila em apenas ficar sem fazer absolutamente nada.

Acontece que por trás desta aparente tranquilidade, existe um turbilhão emocional em sua mente. Pensamentos, sensações e emoções convulsionadas, que ela tenta desesperadamente afastar.

"Muitas vezes me sinto paralisada pelo medo. Eu sei que ele me impede de tomar medidas importantes na minha vida." Este dilema é vivido por muitas mulheres, o que amplifica a necessidade de examinar como o medo pode se converter em um obstáculo que nos restringe. Algumas conseguem identificar que o medo se tornou uma força limitadora em suas vidas, o que nos leva a refletir sobre a influência dessa emoção em nosso caminho de crescimento e autodescoberta. Com frequência, estas mulheres experimentam uma sensação de inércia, provocada pelo poder do medo que, por vezes, se interpõe entre elas e as decisões importantes que deveriam ser tomadas em suas vidas.

E como podemos nos libertar desse ciclo? O processo começa com a consciência. Devemos reconhecer as vozes negativas e os pensamentos que as sustentam. Precisamos nos perguntar de onde essas crenças vêm e se elas são realmente verdadeiras. Não é raro descobrirmos que, a maioria é baseada em percepções distorcidas do passado (E pasmem, algumas nem são realmente nossas!).

"Às vezes, sinto que meu medo está relacionado a crenças antigas de quando eu era mais jovem. Me diziam coisas como 'você não é boa o suficiente' ou 'você nunca conseguirá'." É importante reconhecer a conexão entre suas crenças internalizadas e o medo que a está impedindo de avançar. Essas ideias preconcebidas revelam como as influências do passado podem moldar a relação que temos com o medo, reforçando a importância de desvendar o impacto dessas mensagens em nossa busca por autenticidade.

Os pensamentos restritivos são as vozes internas que reforçam o medo. Elas nos dizem que não somos dignas, que não somos boas o suficiente ou que nunca conseguiremos. É importante lembrar que **as crenças são apenas pensamentos, e não são verdades absolutas.** Na terapia, geralmente, exploramos esses pensamentos e questionamos sua veracidade, desafiando essas vozes internas com evidências reais de nossas realizações e habilidades. Observe como enfrentar esses pensamentos é um processo desafiador, mas saiba que é fundamental para nossa cura.

Ao final de tudo, o medo se manifesta de diversas formas: na procrastinação, nas dúvidas que paralisam, e nos *"talvez amanhã"* que repetimos para nós mesmas. Mas entender esses sintomas é um dos importantes passos para dissolver a ilusão de que o medo é invencível. Ele tenta nos proteger, sim, mas também **nos desafia a ultrapassar nossas próprias fronteiras**. E enfrentar o medo significa enxergar além dos adiamentos e desculpas, revelando a coragem que existe por trás dele. Cada passo que damos, mesmo pequeno, mostramos ao medo que ele não define nossas escolhas; somos nós que escolhemos equilibrar nosso universo emocional, alimentando nossa coragem e decidindo seguir em frente.

11

MANTO DA INVISIBILIDADE

CAPÍTULO 11

Conheci uma mulher incrível que aqui gostaria de chamá-la de Alice. Ela era uma mulher que nutria o desejo de permanecer invisível em situações sociais. Costumava evitar festas, reuniões de família e até mesmo encontros com amigos próximos, porque sentia uma grande ansiedade em ser o centro das atenções ou ter que interagir com muitas pessoas. Ela expressou o medo constante de ser julgada e rejeitada, preocupando-se com o que os outros pensariam dela.

É necessário destacar que após uma avaliação cuidadosa, ficou claro que não havia sinais de neurodivergência ou qualquer condição que justificasse as dificuldades que Alice apresentava. Foi ficando cada vez mais claro que, na verdade, o que a paralisava era o medo profundo de enfrentar a vida, de encarar mudanças e assumir riscos.

Durante nossos encontros, exploramos as origens desse medo de ser visível. Alice revelou que sua autoestima havia sido minada por anos de mensagens negativas que ela absorveu de sua família e experiências de *bullying* na escola. Essas vozes que ecoavam em sua mente, condicionavam Alice a um estado de invisibilidade emocional, onde ela se sentia mais segura. Juntas, conseguimos trabalhar no desafio dessas crenças, examinando-as de forma crítica e encontrando evidências de suas próprias realizações e habilidades.

Ao longo do tempo, Alice começou a desenvolver uma autoimagem mais positiva e a reconstruir sua autoestima. Um dos principais passos deste processo foi a prática de enfrentar situações sociais gradualmente. Começamos com pequenos encontros com amigos de confiança e, à medida que ela se sentia mais à vontade, avançamos para situações mais desafiadoras.

É importante citar que esse processo foi necessário, porque

Alice queria se tornar palestrante. E o seu medo de ser visível tornava seu sonho, praticamente, impossível.

Alice percebeu que, ao ser mais autêntica e expressar suas opiniões, as interações sociais não eram tão ameaçadoras como ela imaginava. Ao longo do processo terapêutico, ela também aprendeu a expressar suas necessidades e limites de maneira saudável, o que a ajudou a se sentir mais no controle das situações sociais. Tornou-se palestrante e hoje consegue falar em público e lidar com as pessoas a sua volta de maneira bem mais tranquila.

É importante observar que muitas pessoas são naturalmente introspectivas e desfrutam de uma vida com menos interações sociais. Elas encontraram uma autenticidade na sua preferência por momentos de solidão e paz. Para essas pessoas, o uso do «manto da invisibilidade» não é uma necessidade. Em suas vidas, elas fazem uma escolha consciente que reflete seus desejos. No entanto, o desafio surge quando alguém anseia por interações sociais e conexões significativas, mas o medo sugere que ela se esconda atrás desse manto (como era o caso da Alice). É nesses casos que o processo de compreensão e superação se torna essencial para permitir que a pessoa encontre uma maneira de se expressar autenticamente.

O ato de vestir um "manto da invisibilidade" é uma estratégia que algumas pessoas, especialmente mulheres, adotam como forma de evitar situações ou interações que consideram desafiadoras, estressantes ou desconfortáveis. Esse comportamento é frequentemente impulsionado por diversas causas emocionais.

Em primeiro lugar, a necessidade de se tornar invisível pode estar relacionada a um profundo medo de julgamento e rejeição. Muitas mulheres crescem com expectativas culturais e sociais que podem gerar uma pressão esmagadora para corresponder a padrões específicos de comportamento, beleza e sucesso. *"Se eu não me destacar, talvez ninguém tenha motivos para me criticar."* Toda essa pressão pode criar uma sensação de vulnerabilidade, levando-as a se retirarem para evitar a exposição a críticas.

É incrível o quanto uma autoimagem distorcida, frequentemente influenciada por normas de beleza inatingíveis, pode fazer com que as mulheres se escondam da visibilidade, temendo não corresponder a essas normas.

O medo de ser rejeitada, seja em relacionamentos pessoais ou profissionais, levam muitas mulheres a desejarem se tornar invisíveis. *"Prefiro o silêncio e a invisibilidade do que o vazio que sinto quando alguém me rejeita."* Elas usam o "manto da invisibilidade" como escudo, pois preferem evitar interações que possam resultar em mais rejeição.

A falta de autoconfiança e a autoestima em desequilíbrio, completamente abaladas, são fatores que se incorporam ao comportamento de tornar-se invisível. A insegurança sobre a própria voz e capacidade de expressar opiniões, faz com que algumas mulheres prefiram optar pela invisibilidade como uma forma de evitar possíveis confrontos ou conflitos. E mais... elas começam a duvidar de suas habilidades e não se sentem merecedoras de atenção ou sucesso.

Juntando-se a isso tudo, temos também as experiências passadas, principalmente de traumas emocionais, como *bullying*, abuso ou rejeição. Outros ingredientes bombásticos que podem deixar cicatrizes emocionais e ainda alimentar o desejo de permanecer invisível como um mecanismo de autopreservação.

"Tenho tanto medo de ser rejeitada que prefiro ficar à margem, onde ninguém pode me ver de verdade." Sabemos que algumas mulheres colocam as necessidades dos outros acima das suas e, ao fazer isso, podem também se tornar invisíveis em suas próprias vidas.

O medo de interagir socialmente, geralmente, também está ligado à ideia de evitar correr riscos. E para viver a experiência real de uma vida, é preciso se arriscar. Porém, é fundamental entender que <u>não se trata de correr riscos de forma inconsequente</u>. Assim como qualquer outra decisão (e mudança), o processo de superar a necessidade do "manto da invisibilidade" envolve a coragem de se arriscar de maneira calculada. Ou seja, significa permitir-se explorar novas conexões, aventuras e oportunidades, enquanto você ainda mantém limites saudáveis e respeita a própria autenticidade. Não se trata de se lançar cegamente no desconhecido, mas sim de fazer escolhas conscientes que reflitam o desejo de se conectar com os outros e se revelar ao mundo, sem a constante preocupação com o julgamento alheio. Eu sei, essa é a parte difícil, mas com a prática conseguimos alcançar.

O processo de "despertar" desse manto da invisibilidade envolve um mergulho no processo de autodescoberta, nos permitindo enfrentar desafios com confiança e abraçar nossa própria identidade sem o peso do medo em nossas vidas. Superar a necessidade de ser invisível requer a autoaceitação, a construção da autoconfiança, a busca de apoio emocional e terapêutico quando necessário.

Nunca é tarde para iniciar o processo de cura e despertar o poder pessoal. É importante saber que com o apoio certo e o comprometimento, podemos quebrar as correntes do medo e abraçar a liberdade de ser quem realmente somos.

Então, querida leitora, vamos pegar esses medos e fazer igual

120

aqueles tapetes empoeirados, dar-lhes uma boa sacudida e ressignificar sua presença em nossas vidas. Não podemos deixar que estes medos dominem a nossa casa mental. Precisamos transformar nossos pensamentos, reformular nossas crenças e construir novas estratégias de enfrentamento que sejam mais saudáveis para os desafios que surgem ao longo das nossas estradas.

Afinal, a vida é muito curta para ser vivida com medo, não é verdade?

Já é hora de nos tronarmos mais confiantes, e até sermos um pouco mais ousadas e, apesar do medo, nos arriscar com preparo e de forma consciente, em busca de nossos sonhos.

12

ARQUITETURA EMOCIONAL – PROJETANDO OS LIMITES DA CASA INTERNA

Capítulo 12

Imagine uma casa sem paredes, apenas com o teto sendo sustentado por pilastras, onde ventos fortes e tempestades têm livre acesso. Esta é a realidade de muitas mulheres que, por diversas razões, encontram dificuldades em dizer "não", em estabelecer fronteiras e em se posicionar diante das demandas alheias.

Ao construir uma casa, cada tijolo, cada viga, tem seu papel vital na sustentação da estrutura. Da mesma forma, em nossa experiência emocional, a capacidade de estabelecer limites sólidos desenha os contornos de uma vida equilibrada.

Não estabelecer limites na vida é como habitar nesta casa sem janelas, portas ou muros, vulnerável aos vendavais emocionais e à entrada indesejada de intrusos. Assim como construímos uma casa para nos proteger das intempéries do ambiente externo, é imperativo edificar os limites que delineiam nossa existência. É como erguer um muro que resguarda a privacidade e define claramente os espaços internos e externos. As paredes de alvenaria, uma janela, uma porta, tornam-se não apenas barreiras físicas, mas símbolos poderosos de nossa capacidade de escolha. E nossa vida é semelhante a essa casa e, o mais importante, somos nós que detemos a chave mestra, o poder decisório sobre quem tem permissão para adentrar e qual comportamento é aceitável ou não.

Estabelecer limites não é um ato de isolamento, mas um ato de proteção e autenticidade, permitindo que cada um de nós seja a arquiteta da própria experiência.

Ao definir limites, concedemos a nós mesmas o controle sobre quem é bem-vindo em nossa casa, em nossa vida. Cada pessoa que permitimos entrar torna-se um convidado conscientemente escolhido, enquanto os limites estabelecidos por nós delineiam até onde essa entrada se estende nos ambientes da nossa casa. Da mesma forma, demarcamos limites internos que determinam o nível de acesso que concedemos a outros, em diferentes áreas de nossas vidas.

É muito importante compreendermos que, assim como em nossa casa física, podemos estabelecer até onde cada pessoa pode ir em nossas vidas e intimidade. Esta permissão, somos nós que concedemos (ou não!). Algumas pessoas poderão entrar e frequentar a sua casa, mas poucas serão aquelas que poderão andar livremente por todos os cômodos e ainda poder abrir a sua geladeira. Nem todos terão o mesmo acesso, porque isso depende do grau da amizade, da profundidade da relação e solidez da confiança.

A tradição de pessoas mais antigas de mostrar a casa inteira para seus convidados, mesmo os menos íntimos e que acabara de conhecer, era uma prática comum. Mostravam seus quartos, banheiros e todos os cômodos, como um gesto de generosidade e acolhimento. No entanto, ao longo dos anos, aprendi que essa abordagem não é necessariamente a mais saudável. Assimilar que não precisamos abrir todas as portas de uma só vez, se revelou uma lição valiosa para mim. É necessário compreender que a verdadeira essência do acolhimento não está na quantidade de cômodos apresentados, mas na qualidade da experiência compartilhada com aqueles que iniciamos uma relação.

Descobri que o processo de revelar diferentes partes de nós mesmos aos outros, ocorre de maneira gradual, ao longo do tempo, à medida que construímos laços de confiança e compartilhamos vivências. Assim como na construção de amizades duradouras, a abertura gradual de nossos "cômodos emocionais", além de nos proteger, reflete a sabedoria de cultivar relacionamentos significativos.

Seja a sala íntima de nossos sentimentos mais profundos ou os espaços mais públicos de nossas interações diárias, o ato de estabelecer limites é a afirmação de nossa autonomia e o reconhecimento de que merecemos viver de acordo com nossas próprias regras, protegendo este santuário que é nossa existência.

(RE)DESCOBRINDO O PODER DO "NÃO"

Conheça Ana, uma mulher vibrante, cuja narrativa reflete o desafio de muitas outras. Ana era uma profissional dedicada, sempre disposta a assumir tarefas extras. No entanto, sua incapacidade de estabelecer limites a levou a um esgotamento constante. E se examinarmos as raízes desse comportamento, identificaremos alguns motivos comuns que permeiam a vida de, praticamente, todos os que têm dificuldades em delinear seus próprios espaços emocionais.

Muitas mulheres, como Ana, têm uma profunda aversão à ideia de serem rejeitadas ou abandonadas. O receio de perder conexões importantes as impulsiona a dizer "sim" quando, na verdade, desejariam dizer "não". Este medo, algumas vezes ancestral, cria um ciclo autodestrutivo que mina a autoestima e a autonomia emocional.

Você já deve ter percebido que este é um dos medos que permeiam o universo de muitas mulheres (rejeição e abandono). Por isso, torna-se extremamente importante, resolver essas questões internamente para só assim, conseguir seguir sua vida com mais confiança. Afinal, a falta de confiança em si mesma, enfraquece o pilar que sustenta a capacidade de estabelecer limites.

Observe como, frequentemente, nós vemos mulheres que subestimam suas próprias necessidades, priorizando as dos outros por se encontrarem em momentos que sua autoestima está fragilizada. Esse é um dos motivos que trabalhar na reconstrução da autoestima torna-se fundamental para que possamos nos posicionar com firmeza e, assim, construir relações mais saudáveis.

A habilidade de dizer "não" de maneira respeitosa e assertiva é uma arte que muitas pessoas não aprenderam ainda. E **aprender a expressar suas necessidades de forma clara é uma ferramenta essencial para nosso crescimento**.

Precisamos ter cuidado com a fusão excessiva diante das necessidades e expectativas dos outros, pois isso, geralmente, resulta na perda da nossa própria identidade. Não compreender o que é "sua demanda" e o que é "do outro" cria uma mistura que além de nos confundir, nos envolve em um processo exaustivo de emoções, angústia e frustrações. Se nos esquecemos de quem somos, do que queremos e do que temos controle para resolver, vamos viver presas a um ciclo de autossacrifício que prejudica nossa felicidade e bem-estar.

"Será que estou me escondendo ou me perdendo de mim mesma ao tentar agradar os outros?"

Dentro deste intricado universo emocional que envolve a vida de muitas mulheres como Ana, o comportamento de autossacrifício está constantemente presente nas narrativas de quem tem dificuldade em estabelecer limites, atuando como um fio invisível que as mantém presas a um ciclo de doação excessiva, frequentemente, em detrimento de si mesmas.

Esse padrão de comportamento, na maioria das vezes, está enraizado em crenças profundas sobre o próprio valor e a necessidade de ser constantemente útil aos outros. Todo esse funcionamento, influencia diretamente na habilidade de dizer "não" e de se posicionar. Por isso, é essencial começar a reconstruir nossos limites, honrando as necessidades individuais, sem perdermos de vista a importância de nutrir o nosso próprio ser.

E não, não é egoísmo. Desenvolver a compreensão de que a

habilidade de dizer "não" e de recusar, necessariamente não implica em egoísmo é um ponto primordial para a preservação de nossa saúde emocional. Com frequência, nos sentimos afligidos pela ideia de sermos percebidos como egoístas ou indivíduos de caráter duvidoso ao pronunciar a palavra "Não». No entanto, é imperativo discernir entre esses conceitos aparentemente interligados. Romper com o ciclo exaustivo do autossacrifício e abraçar uma negativa assertiva é fundamental para o equilíbrio emocional.

Ao optarmos por expressar nosso "não" de maneira saudável, transcendemos a ideia de sermos egoístas. Perceba que esta decisão é um compromisso com a preservação da própria integridade emocional e não um ato de desconsideração pelos outros.

Mas, prepare-se...

A alteração de limites em uma relação, especialmente quando começamos a dizer "não" de maneira mais assertiva, pode evocar uma série de reações diversas por parte das pessoas ao nosso redor. No entanto, precisamos aprender que a responsabilidade de processar e aceitar a nossa recusa recai sobre eles. Não precisamos nos sentir culpadas pelas emoções desencadeadas nos outros, diante do estabelecimento dos nossos limites. Alguns vão ficar frustrados, com raiva, se fazer de vítima, entre outros comportamentos. Essas respostas podem variar, significativamente, com base na dinâmica específica da relação, na personalidade dos envolvidos e nas expectativas pré-existentes.

> **Surpresa e desconforto** – Aqueles acostumados a receber sempre um "sim" podem inicialmente se surpreender com a mudança. O desconforto pode surgir à medida que se ajustam à ideia de que suas expectativas podem não ser automaticamente atendidas por nós.

➢ **Resistência e persistência** – Algumas pessoas podem resistir à mudança, tentando nos pressionar ou nos convencer a retomar os nossos antigos padrões de comportamento, através de chantagens emocionais. Elas podem interpretar a nova assertividade como uma rejeição pessoal ou como algo que precisa ser superado. Mas lembre-se sempre que essa resistência faz parte do processo dela, e é ela quem precisa encontrar meios mais saudáveis de lidar com isso. Não está no seu controle.

➢ **Reflexão interna** – Outros podem começar também a refletir sobre o motivo por trás da nossa mudança nos limites da relação. Isso pode levá-los a questionar a natureza do relacionamento, avaliar suas próprias expectativas e reconhecer a importância de respeitar os limites do outro.

➢ **Aceitação e compreensão** – Pessoas mais conscientes e maduras emocionalmente, em geral, aceitam a nossa mudança de limites com compreensão. Elas reconhecem que é um processo natural de crescimento e autoafirmação, respeitando a nossa autonomia e o nosso direito de estabelecer fronteiras saudáveis.

➢ **Melhoria na comunicação** – A mudança nos limites pode também incentivar uma melhoria na comunicação dentro do relacionamento. Vamos perceber que abrir espaço para discussões honestas sobre necessidades e expectativas, pode fortalecer a relação ao longo do tempo.

➢ **Distanciamento temporário** – Em alguns casos, o estabelecimento de novos limites pode resultar em um distanciamento temporário de algumas pessoas. Este tempo pode ser importante para que eles se ajustem à nossa nova dinâmica. Esse distanciamento não precisa ser negativo; muitas vezes, é uma fase necessária para a adaptação mútua. Infelizmente, algumas vezes, o distanciamento é permanente. E assim, pode ser que a gente finalmente veja, com mais clareza, que tipo de relação era essa que estávamos envolvidos. Lembre-se que, às vezes, quando alguém se retira de nossas vidas, esse momento de perda pode se transformar em bênção mais tarde.

Em qualquer cenário, é importante recordar que a mudança nos limites é um processo natural (e algumas vezes necessário) para o amadurecimento emocional e para a construção de relações mais equilibradas. Com o tempo, as reações iniciais podem evoluir para uma compreensão mais profunda e uma apreciação mútua das necessidades e limites individuais.

Querida leitora, saiba que ao abraçarmos a arte de dizer "não" de maneira saudável, iremos, cada vez mais, reconhecer que cuidar de nossa saúde emocional não é egoísmo, mas uma medida necessária.

13

CONSTRUINDO FRONTEIRAS SAUDÁVEIS

Capítulo 13

As amizades, como fios entrelaçados no tecido da vida, são uma miríade de cores e texturas. Cada relação possui seus próprios limites, nuances e, acima de tudo, uma graduação única de confiança. É como se, ao abrirmos a porta do nosso círculo social, nos deparássemos com um amplo espectro de conexões, cada uma oferecendo uma experiência única.

Existem aqueles amigos que são como cumprimentos matinais, uma troca de sorrisos e palavras gentis que compõem um vínculo leve e efêmero. Estes são os amigos dos acenos, que trazem um calor humano sem a necessidade de adentrar a esfera mais íntima. Em outro ponto, encontramos os amigos para um café no shopping, uma camada mais densa de conexão que se traduz em momentos compartilhados, risadas e talvez até alguns conselhos amigáveis.

À medida que avançamos, algumas amizades entram em território mais pessoal: aqueles que são convidados para a nossa casa. No entanto, mesmo entre as paredes familiares, existem áreas restritas, cômodos que permanecem fora dos limites. (Lembra da historinha da construção da casa?) Estes são os amigos que conhecem uma parte da nossa história, compartilham experiências no aconchego do lar, mas ainda assim não têm acesso irrestrito.

E nas camadas mais profundas, encontramos os amigos de extrema confiança, uma elite seleta que tem o privilégio de conhecer todos os cantos do nosso ser. São aqueles que podem passar uma noite em nossa casa sem reservas, que conhecem nossos medos e desejos mais íntimos. A confiança aqui é tão sólida que as portas se abrem sem hesitação, e a amizade floresce em um terreno fértil de compreensão mútua. E ainda assim, apesar de toda a confiança e acesso, existirão lugares únicos, somente seus; como um refúgio aconchegante ou local de recarregar energias. Ou seja, não é necessário partilhar tudo, todos os lugares da sua casa. Alguns podem ser somente seus.

Saiba que essa graduação de confiança, abertura e limites é inerente a todas as relações humanas. Cada grau contribui para a complexidade e riqueza do mosaico relacional que formamos ao longo da vida. É um delicado equilíbrio entre revelar e preservar, entre compartilhar e respeitar os limites pessoais. E assim, nos intricados laços da amizade, aprendemos a valorizar cada nível de conexão, reconhecendo que cada amizade, por mais efêmera ou profunda, deixa uma marca única em nossas vidas.

É essencial perceber que, reconhecer e respeitar a graduação de amizade, estabelecendo limites de acordo com a intimidade e confiança alcançada na relação, impactam positivamente a qualidade das nossas interações.

1. **Preservação da autenticidade** – Não se trata de criar barreiras para nos esconder, mas de compartilhar nossa intimidade de maneira progressiva, na proporção em que a confiança se solidifica. Isso nos ajudará a promover uma expressão genuína, sem forçar a exposição prematura de nossos aspectos mais pessoais.

2. **Proteção emocional** – Ao delinearmos claramente o que é confortável compartilhar em diferentes estágios da amizade, reduzimos o risco de mal-entendidos, ferir sentimentos e expectativas não correspondidas (tanto no nosso mundo interno quanto na pessoa com quem nos relacionamos).

3. **Crescimento gradual da confiança** – Criamos um terreno

sólido para que possamos nos sentir mais seguras ao compartilhar aspectos mais profundos de nossas vidas. E isso também nos permitirá promover uma conexão mais significativa ao longo do tempo.

4. **Respeito mútuo** – Reconhecer que cada pessoa tem diferentes níveis de conforto e prontidão para a revelação pessoal, fortalece a base da amizade. E saber respeitar esses limites contribui para a construção de uma relação saudável e equilibrada.

5. **Manutenção de relações saudáveis** – Estabelecer limites de acordo com a intimidade evita a sobrecarga emocional e preserva a harmonia nas interações. Ao lidar conscientemente com nossos relacionamentos, permitimos que a amizade floresça em um ambiente de respeito e compreensão de ambos os lados.

6. **Fortalecimento da comunicação** – Vimos que a prática de estabelecer limites está intrinsecamente ligada à habilidade de comunicar de maneira clara e assertiva. Essa clareza não apenas promove uma compreensão mútua, mas também evita mal-entendidos e conflitos desnecessários. A graduação de limites nos incentiva para uma comunicação aberta e honesta.

7. **Autoconhecimento e autonomia pessoal** – Ao definir limites com base na intimidade, as pessoas são incentivadas a se conhecerem mais profundamente. O relacionamento começa a caminhar para uma reflexão sobre o que cada um está disposto a compartilhar e o que consideram mais

pessoal.

8. **Construção de relações duradouras** – O crescimento gradual da conexão promove uma base sólida para enfrentar juntos os desafios e celebrar sucessos compartilhados ao longo do tempo. Relações construídas com respeito aos limites de intimidade e confiança têm mais probabilidade de serem duradouras e significativas.

9. **Adaptação às mudanças** – É necessário entender que o tempo passa e as pessoas evoluem, e a capacidade de ajustar os limites de acordo com a atualidade da amizade se torna um ponto essencial para a saúde contínua da relação. Reconhecer a fluidez na graduação de limites permite uma adaptação mais eficaz às mudanças nas circunstâncias e nas próprias relações.

10. **Respeito pelos ciclos de vida** – Relacionamentos atravessam diferentes fases e ciclos de vida, desde o conhecimento inicial até a amizade mais profunda. Estabelecer limites de acordo com a intimidade é uma maneira de respeitar esses ciclos, reconhecendo que nem todas as amizades seguem a mesma trajetória ou têm as mesmas necessidades em momentos distintos.

11. **Proteção da energia emocional** – Estabelecer limites não é apenas sobre compartilhar ou não compartilhar informações, mas também sobre proteger a própria energia emocional. Ao reconhecer a graduação de confiança, podemos preservar nossa energia para relacionamentos mais próximos, minimizando o constante desgaste emocional

que vivenciamos em conexões mais superficiais.

12. **Equilíbrio entre dar e receber** – A definição de limites
contribui para o equilíbrio nas relações, onde o ato de dar e
receber é recíproco e saudável. Essa habilidade poderá criar
um ambiente no qual não iremos nos sentir sobrecarregadas
ou negligenciadas, e poderemos manter uma harmonia
duradoura.

Perceba que no processo de graduação de amizade e confiança,
a paciência, a compreensão e o respeito mútuo são fundamentais. Essa
prática (estabelecimento de limites) é um ponto essencial na criação
de laços que resistirão ao teste do tempo.

FLEXIBILIDADE – O VERDADEIRO EQUILÍBRIO ENTRE LIMITES E ABERTURA

Dentro deste tema de limites e aberturas, existe um ponto que
é muito importante conversarmos aqui. Muitas de nós, confundimos
o que é ser flexível.

A dinâmica entre mulheres que se tornam excessivamente
flexíveis, quase se anulando pelos outros, e aquelas que adotam uma
rigidez inflexível como uma armadura contra a percepção de fraqueza
é um fenômeno complexo que reflete inúmeros desafios. Esses
extremos, embora aparentemente opostos, muitas vezes compartilham
raízes profundas em padrões de socialização, expectativas e pressões
(internas e externas).

1. **Anulação pela flexibilidade extrema** – Mulheres que
se tornam excessivamente flexíveis, podem temer ser percebidas

como "difíceis" ou "exigentes", e, portanto, escolhem ceder constantemente para evitar conflitos ou desaprovação. No entanto, essa super flexibilidade pode levar à anulação da própria identidade e necessidades, resultando em uma perda gradual de autoestima e autonomia. *"Às vezes, me pergunto se as pessoas ao meu redor realmente gostam de mim... ou do que eu me esforço tanto para ser."* A pressão (interna ou externa) para agradar, pode criar um ciclo de validação externa constante. E essa busca desenfreada por aceitação pode levar à supressão das próprias opiniões e desejos, resultando em uma sensação de desconexão consigo mesma e de vazio, ainda maior.

2. Rigidez como armadura – No outro extremo, algumas mulheres adotam uma postura rígida como uma resposta à percepção de que a flexibilidade é sinônimo de fraqueza. Elas podem ter internalizado a ideia de que ser flexível é ceder ou abrir mão de suas convicções e, assim, buscam afirmar-se através de uma postura inflexível. Essa rigidez pode ser uma tentativa de evitar ser explorada ou subestimada, mas, paradoxalmente, pode resultar em relações interpessoais desafiadoras. *"Me tornei inflexível para provar que posso enfrentar o mundo, mas me pergunto se alguém enxergaria e entenderia o que sinto, se olhasse mais fundo."* O medo de ser vista como fraca pode levar a uma resistência excessiva à vulnerabilidade, dificultando a formação de conexões autênticas e colaborativas.

Precisamos compreender que a **flexibilidade não é uma carta branca para permitir tudo o que acontece ao nosso redor**; é, em vez disso, um compasso interior que nos guia até onde desejamos e podemos ir em diferentes situações. É um ato de autodomínio, de conhecer e respeitar os nossos próprios limites, compreendendo que, em determinadas circunstâncias, o caminho precisa ser delimitado. É ter consciência de que, embora saibamos até onde podemos ir, nem sempre precisamos ir até lá.

"Eu sei até onde eu posso ir...

Mas, nesta situação, eu só quero ir até aqui."

Ir ou não, não determina quem somos ou a nossa capacidade; são as nossas escolhas que nos levam a seguir pelos caminhos que realmente são necessários ou positivos para nós. A flexibilidade é uma viagem interior que nos guia por diferentes situações, permitindo ajustes, mas sempre nos mantendo no controle sobre nossos próprios limites.

Imagine isso como uma dança, uma dança entre você e o mundo ao seu redor. Você sabe até onde pode girar, mas em determinadas situações, decide dançar apenas até aqui. Ser flexível não é perder-se nas expectativas alheias, mas é ajustar os passos conforme necessário, mantendo sempre a essência da sua dança.

Muitas mulheres tem uma tendência de exibir uma notável flexibilidade ao lidar com as necessidades e complexidades alheias, enquanto, paradoxalmente, adota uma postura mais rígida quando se trata de suas próprias vidas. Precisamos refletir sobre essa dualidade, compreendendo que a autenticidade em nossas interações e, igualmente, em nossa relação conosco, é essencial para uma vida mais equilibrada.

> ➤ **Flexibilidade excessiva com o outro** – Com frequência, nos encontramos dispostas a ajustar nossas perspectivas, sentimentos e ações em resposta às demandas e circunstâncias daqueles que nos cercam. Essa habilidade de adaptação é uma virtude, permitindo-nos ser compreensivas, solidárias e capazes de ajustar nossas

próprias trajetórias para acomodar as nuances das vidas alheias. No entanto, é necessário reconhecer que, em nossa busca por oferecer apoio incondicional, podemos nos perder no cuidado excessivo, sacrificando, por vezes, nossas próprias necessidades e identidade. *"Ser tão flexível me faz parecer forte, mas me deixa esgotada por dentro."* Já vimos que essa super flexibilidade, embora admirável, requer um equilíbrio cuidadoso para evitar a anulação de nossa própria voz e autenticidade.

➤ **Rigor extremo com si mesma** – Quando voltamos nosso olhar para o interior, muitas vezes adotamos uma postura mais rígida e inflexível. O medo de sermos percebidas como fracas, covardes ou carentes pode nos conduzir a estabelecer padrões que transcendem o saudável respeito próprio, transformando-se em uma armadura que, com o tempo, limita nossa expressão genuína e a busca de autenticidade.

É essencial perceber que <u>ser flexível com os outros não significa se anular</u>. Você não precisa ser como uma folha ao vento, moldando-se a cada brisa que passa. Você tem o controle, a escolha, e isso é poder. É usar de sua sabedoria para saber quando ceder e quando é hora de manter a firmeza. Lembra dos limites?

Entretanto, também precisamos ter cuidado, porque, por medo de parecermos fracas, podemos erguer muralhas de rigidez ao nosso redor. E acabamos achando que ser flexível é a *Kryptonita* que nos fará desmoronar diante de todas as nossas batalhas. Mas não precisa ser assim.

Aceitar a flexibilidade não é sinônimo de fraqueza. É

sinônimo de inteligência emocional. É abraçar a adaptabilidade sem comprometer quem você é. E, acredite em mim, <u>você é mais forte do que imagina.</u> Ser rígida com si mesma pode criar uma armadura, contra o que é ruim, mas também não irá te permitir vivenciar o que é bom. Será que você não merece a liberdade de ser flexível quando for preciso?

Estabelecer limites para si mesma não significa abraçar a autocrítica implacável, mas sim definir padrões realistas e saudáveis. Precisamos começar a reconhecer que a flexibilidade não é sinônimo de defeito, mas sim uma demonstração de adaptabilidade e sabedoria.

Uma prática valiosa para cultivar essa compreensão é a arte da auto-observação. Convido você para refletir um pouco sobre suas próprias reações e limites em diferentes contextos. Faça uma investigação dos sentimentos internos, das necessidades pessoais e da análise crítica das interações cotidianas. Lembre-se que se conhecer profundamente é fator importante para aprender a estabelecer limites flexíveis, definindo aqueles que se adaptam, mas não comprometem a sua essência.

Aliado a outros fatores, trabalhar a assertividade é fundamental para a compreensão da flexibilidade. Saber expressar as próprias necessidades de maneira clara e respeitosa é uma habilidade valiosa que nos permite manter nossos próprios limites sem comprometer nossas relações. Mais uma vez lembre-se que ser flexível não é ser fraca, mas sim adquirir autonomia com a habilidade de escolher quando ceder e quando permanecer firme, mantendo a integridade e o respeito próprio.

O verdadeiro desafio reside na busca por um equilíbrio harmonioso entre a flexibilidade e a firmeza amorosa em nossa vida e nas nossas relações. Para isso, talvez nós iremos precisar de uma conscientização constante, uma pausa para reflexão sobre nossas motivações e uma disposição para ajustar as nuances dessa dança complexa que é a vida.

Aos poucos, vamos honrando nossas próprias verdades, fortalecemos não apenas nosso próprio caminho, mas também os relacionamentos que formamos ao longo da nossa existência. E sim este movimento também significa que precisaremos tratar a nós mesmas com mais compaixão e gentileza.

Querida leitora, é preciso ouvir a si mesma, entender suas necessidades e aprender a dizer "não" quando necessário. Lidar com as expectativas dos outros pode ser um desafio, mas é essencial estabelecer limites saudáveis – os limites da sua casa emocional. As pessoas ao nosso redor podem não entender imediatamente, mas com o tempo, elas aprenderão que você também é importante.

14

OS DESAFIOS DA AUTOACEITAÇÃO

CAPÍTULO 14

Quantas de nós, já não se perdeu na busca pela aceitação dos outros? Ao longo da vida, recebemos mensagens que moldam nossas percepções sobre quem somos e como devemos nos encaixar no mundo. Já vimos que a pressão social, as expectativas, a comparação constante, tudo isso pode fazer com que nos afastemos de nossa verdadeira essência. E trabalhar a autoaceitação é um dos projetos mais desafiadores e gratificantes que podemos empreender.

Imagine, por um momento: como você seria se pudesse se libertar das amarras da autocrítica e das opiniões alheias? E se você pudesse abraçar todas as partes de si mesma, mesmo as que considera imperfeitas?

Esta viagem no caminho da autoaceitação começa com a coragem de se olhar no espelho, não apenas para ver o reflexo, mas para reconhecer a beleza que existe além da imagem física. Aprendendo a identificar o que estamos sentindo e se, esse sentimento, está nos ajudando ou nos prejudicando. Se estamos sentindo raiva, por exemplo, precisamos avaliar se essa raiva é útil e nos motiva a agir, ou se está nos atrapalhando e nos fazendo reagir impulsivamente; soltando faíscas para todos os lugares.

É importante deixar claro que a autoaceitação não é sobre complacência, mas sim sobre reconhecer e valorizar suas qualidades, suas habilidades, suas cicatrizes e suas experiências. E a partir disso, conseguir promover as mudanças necessárias que lhe ajudarão a conquistar uma vida mais equilibrada e saudável.

Cada uma de nós passa por uma jornada única em direção à aceitação de si mesma. Em nosso caminho, geralmente nos deparamos com dois tipos distintos de aceitação: **a aceitação de resignação**

limitante e **a aceitação de resiliência**. Compreender essa distinção é fundamental para construirmos uma base sólida de autoaceitação e florescer em nossa singularidade. Além dos ajudar a diminuir a confusão que geralmente fazemos entre as duas formas de "aceitar" o que nos acontece na vida.

A aceitação de resignação limitante (aceitação passiva) é como uma rendição passiva diante das circunstâncias da vida. Nesse estado, podemos nos ver aceitando quem somos sem questionar, sem avaliar profundamente nossas necessidades, desejos e potenciais. É uma aceitação superficial, muitas vezes, baseada na adaptação às expectativas externas, normas sociais ou pressões culturais. Quando aceitamos resignadamente, sem analisar muito o contexto da situação, corremos o risco de nos perder nas definições impostas pelos outros, em vez de abraçarmos nossa verdadeira essência. Essa aceitação pode ser uma prisão sutil, impedindo-nos de explorar nosso potencial pleno, limitando-nos ao papel que os outros esperam que desempenhemos.

A utilização dessa estratégia como fuga para não lidar com a situação real, limita a nossa oportunidade de encontrar a paz de espírito e ser livre para ser quem somos. Vamos criar um exemplo fictício para melhor ilustrar uma situação em que a pessoa utiliza a aceitação da resignação:

Conheça Isabel, uma mulher de quarenta e dois anos que está em um relacionamento há mais de uma década. Seu parceiro, Carlos, tem um comportamento controlador e emocionalmente abusivo. Ele constantemente critica as escolhas de Isabel, mina sua autoestima e a isola de amigos e familiares. Apesar de reconhecer internamente que seu relacionamento é tóxico e prejudicial, Isabel se resigna a aceitar esta situação. Ela justifica as atitudes de Carlos, acreditando que ele age assim por amor ou insegurança. Isabel internaliza as críticas e tenta se conformar com as expectativas de Carlos, com medo das consequências de desafiar a situação atual promovendo mudanças.

148

Isabel convence a si mesma de que esse é o preço que ela precisa pagar pela estabilidade financeira e pela aparência de normalidade em sua vida. Ela teme a solidão e a possibilidade de não ser capaz de encontrar algo melhor. *"E se ninguém mais me quiser? Talvez seja mais seguro me conformar com o que tenho."* Ao aceitar resignadamente o comportamento tóxico de Carlos, Isabel sacrifica sua felicidade e bem-estar emocional em prol da ilusão de segurança e familiaridade.

Esse exemplo destaca como, nesta situação, a aceitação de resignação em um relacionamento tóxico pode manter uma pessoa presa em um ciclo de abuso, impedindo-a de buscar uma vida mais saudável e satisfatória. É um lembrete de como é fundamental sabermos distinguir entre aceitação saudável e aceitação passiva, pois esta última pode ser extremamente prejudicial para a nossa saúde mental e emocional.

Já **a aceitação de resiliência** é um ato consciente e dinâmico. É o reconhecimento corajoso de quem somos, com todas as nossas nuances e imperfeições, mas também é a disposição de evoluir e crescer. A resiliência nos permite abraçar nossas experiências, aprender com elas e utilizar essas lições para fortalecer nossa autenticidade. Ao praticar a aceitação de resiliência, entendemos que somos seres em constante transformação, capazes de enfrentar desafios e prosperar com as adversidades. É uma experiência que requer autocompaixão, permitindo-nos ser gentis com nós mesmas, quando cometemos erros ou enfrentamos momentos difíceis.

Maria é uma mulher de trinta e oito anos que, após anos de relacionamento com Paulo, começa a perceber os padrões prejudiciais e controladores de seu parceiro. Maria enfrenta constantes críticas, manipulações emocionais e sente que sua individualidade está sendo sufocada. Aos poucos, ela começa a refletir sobre sua situação e a questionar se merece viver assim. Maria então busca apoio de amigos e familiares, compartilhando suas preocupações e percebendo que não está sozinha. Essa conexão com pessoas que a valorizam e a apoiam marca o início do seu processo em direção à aceitação da resiliência.

Maria se conscientiza de que merece respeito, amor e uma vida livre de abusos. Gradativamente, ela começa a estabelecer limites saudáveis e a expressar suas necessidades e desejos. Inicia um processo terapêutico para compreender melhor seu próprio valor e desenvolver estratégias para lidar com as dinâmicas tóxicas do relacionamento.

À medida que Maria fortalece sua resiliência emocional, ela toma decisões corajosas. Pode ser que ela decida se separar de Paulo, reconhecendo que sua felicidade e bem-estar vêm em primeiro lugar. Ou, se optar por continuar o relacionamento, será com a condição de que ocorram mudanças significativas e um comprometimento real (dos dois) com a saúde emocional do casal.

Observe que neste exemplo, Maria representa uma mulher que, ao desenvolver a aceitação da resiliência, passa a se valorizar, a enfrentar os desafios do relacionamento e a buscar uma vida mais saudável e autêntica. Independentemente da decisão que ela tomar, de ficar ou não com Paulo, ela está consciente de que precisa haver uma transformação na relação. Essa experiência reflete a importância de reconhecer a necessidade de mudança e de desenvolver a força interna necessária para perseguir uma vida que reflita verdadeiramente quem ela é.

Querida leitora, é muito relevante entender que <u>a aceitação de resiliência não significa que devemos nos tornar complacentes ou estagnadas</u>. Pelo contrário, é um convite para nos conhecermos profundamente, nutrindo uma relação saudável e amorosa conosco mesmas. Ao aceitarmos de forma resiliente, tornamo-nos mais fortes, mais sábias e mais capazes de viver de acordo com nossos próprios valores. A verdadeira aceitação de si mesma é um ato de amor-próprio e coragem e ao escolher a resiliência, você está escolhendo também aprender e crescer em cada capítulo da sua vida.

Sei que algumas pessoas, frequentemente, se veem diante de um dilema crucial quando o assunto é "a aceitação". Para elas, a mera menção de "aceitar" pode evocar resistência, pois temem que isso signifique validar situações que, na realidade, desejam mudar.

Esta complexidade em torno da aceitação, muitas vezes, emerge da conotação da própria palavra. <u>O termo "aceitar" pode ser erroneamente interpretado como uma rendição passiva ou concordância com as circunstâncias presentes.</u> No entanto, a verdadeira essência desse ato reside na capacidade de reconhecer e encarar a realidade, sem filtros ou ilusões.

Aceitar não implica em validar uma situação indesejada; ao contrário, é um convite para olhar de forma honesta para as nuances da nossa experiência atual. É o reconhecimento corajoso de que estamos vivendo essa realidade, mas não estamos resignadas (de maneira limitante) a permanecer nela. Ao aceitar, estamos construindo uma base sólida para a compreensão de nossos desafios, permitindo-nos avaliar cuidadosamente quais transformações são necessárias para alcançar uma vida mais alinhada com nossos valores e desejos.

É bom compreendermos que esta perspectiva de resistência, embora enraizada em uma compreensão mais profunda, geralmente revela uma rigidez de pensamento ligada ao medo da estagnação e à resistência ao sofrimento. E neste contexto, <u>é fundamental compreender que aceitar não é concordar, mas sim um ponto de partida necessário para a consciência da situação e possível transformação.</u>

<u>A rigidez de pensamento e o medo:</u>

✓ **Medo da estagnação:** muitas mulheres que resistem à essa ideia de "aceitar" podem temer que a aceitação implique em resignação limitante, levando à estagnação e à falta de motivação para a mudança. Temem ficar paradas diante do problema ou "sobrevivendo" a ele, sem a menor chance de mudanças futuras. A recusa em aceitar, muitas vezes, vem da crença de que a aceitação é sinônimo de passividade.

✓ **Medo da normalização do sofrimento:** aqui o receio é de que a aceitação seja interpretada como uma forma de validar ou normalizar situações prejudiciais em suas vidas. Essa resistência surge da determinação em não aceitar o inaceitável, o que é compreensível.

✓ **Experiências passadas de aceitação forçada:** mulheres que passaram por experiências onde foram obrigadas a aceitar injustiças, abusos ou condições prejudiciais podem desenvolver uma resistência natural à aceitação. Para elas, a aceitação pode evocar memórias dolorosas de uma "aceitação forçada" de coisas e situações que nem querem lembrar.

✓ **Expectativas de autenticidade:** mulheres que valorizam a autenticidade podem sentir que "aceitar" é acolher uma situação prejudicial incongruente com seus princípios fundamentais. É uma confusão comum quando buscamos nos libertar das amarras que prendem a nossa autenticidade.

A aceitação como portal para a mudança:

✓ **Consciência e clareza:** a rigidez de pensamento pode ser trabalhada e transformada em um catalisador positivo, quando há uma compreensão de que a aceitação não é um fim, mas um meio para criar consciência e clareza sobre a realidade presente. Neste caso, "aceitar" é dizer que *"Eu vejo a realidade a minha frente, e mesmo que eu não concorde com ela, <u>aceito que ela existe</u>. E a partir disso, promoverei as mudanças necessárias."*

✓ **Autonomia para a mudança:** aceitar a realidade dos fatos, permite que as mulheres identifiquem claramente as áreas que precisam de mudança e fornece uma base sólida para a ação.

✓ **Transformando o medo a seu favor:** a resistência, algumas vezes, tem raízes no medo do desconhecido. E ao abraçar a aceitação como uma ferramenta para compreender a realidade, podemos descobrir uma nova forma de lidar com o medo, transformando-o em um forte recurso para a mudança.

✓ **Resiliência e adaptação:** a aceitação não é um sinal de fraqueza, mas sim um ato de resiliência. Ela permite que as mulheres se adaptem às circunstâncias, desenvolvam estratégias eficazes de enfrentamento e cultivem uma mentalidade que promove a transformação, a autenticidade e o bem-estar.

Podemos perceber que a resistência à aceitação está intrinsecamente ligada a uma compreensão mais profunda do seu significado. Quando essa resistência é canalizada de maneira construtiva, a aceitação pode se tornar um forte catalisador para a mudança positiva e o crescimento pessoal. Ou seja, o "aceitar" não é para manter a situação que nos incomoda, é um "aceitar que é real"; sem a idealização exagerada ou aquele olhar "romântico distorcido" sobre a situação. E quando enxergamos a realidade, como ela é, sem máscaras, conseguimos estabelecer meios melhores de enfrentar e transformar qualquer coisa.

15

DO REFLEXO À REALIDADE – ENTRE MÁSCARAS E A VERDADE

Capítulo 15

Era uma vez uma mulher chamada Laura, cujo coração era um livro repleto de páginas cheias de histórias inacabadas. Ela se via mergulhada em um questionamento persistente que ecoava em cada pensamento: *"Por que é tão difícil me aceitar?"*. Desde jovem, Laura sentia as pressões da sociedade moldando suas percepções sobre beleza, sucesso e autovalorização. Cada linha que ela traçava em sua vida era permeada pelo questionamento constante, uma dúvida que a perseguia nas sombras da sua autoimagem.

Ao se olhar no espelho, Laura não via uma história complexa de superações, conquistas e crescimento; via uma tela em branco que nunca parecia receber o devido reconhecimento. Cada marca, cada traço único que contava sua história era frequentemente obscurecido pelo véu da autocrítica exagerada.

Laura começou a perceber que esta dificuldade de se aceitar, vinha de uma busca incessante por padrões de perfeição inatingíveis. Ela estava sempre em um ciclo vicioso de comparações, medindo-se constantemente pelos sucessos aparentes dos outros.

Você pode imaginar o quanto as redes sociais eram para Laura, como um campo de batalha, onde as vitórias alheias pareciam eclipsar suas próprias conquistas, alimentando a narrativa implacável da autoinsuficiência.

Entretanto, o ponto de virada chegou quando Laura começou a questionar a origem dessa busca incessante pela aceitação externa. Foi então que ela percebeu que a resposta não estava em seguir padrões impostos, mas em se voltar para dentro e começar a reconhecer, valorizar e abraçar sua própria vivência. Ela compreendeu que a dificuldade de se aceitar estava entrelaçada com o medo do julgamento, da rejeição e da imperfeição.

E algo mágico aconteceu: ao começar a se enxergar como uma narradora corajosa da sua própria história, as páginas em branco começaram a se encher de vivacidade.

Laura então descobriu, que a aceitação não era um destino final, mas um processo contínuo. Uma aventura era sobre aprender a amar as linhas que contavam suas risadas, os vincos que marcavam as lágrimas superadas e os capítulos inacabados, que eram a promessa de futuras realizações.

Ao longo dessa experiência, Laura encontrou aliados inesperados: a compaixão consigo mesma e a celebração de suas próprias conquistas, grandes ou pequenas. Percebeu que a dificuldade de se aceitar era, na verdade, um reflexo das expectativas irreais que impomos a nós mesmos.

E quanto mais ela abria espaço para a aceitação, mais ela também descobria que, na verdade, a pergunta que deveria fazer a si mesma não era: *"Por que é tão difícil me aceitar?"*, mas sim *"Como posso começar a me amar de maneira mais completa e autêntica?"*.

E assim, a história de Laura continuou a se desenrolar, página por página, guiada por um novo entendimento: **a verdadeira aceitação nasce da coragem de abraçar todas as nuances da própria existência.**

Esta pequena história é uma ilustração sobre o quanto "aceitar a si mesma", embora seja uma experiência recompensadora, é também permeada por desafios que, inúmeras vezes, nos fazem questionar o cerne da nossa identidade.

Ser verdadeira com si mesma e alinhar suas ações e valores com quem você realmente é, geralmente é um processo que enfrenta desafios significativos. Quando uma pessoa se esforça para ser autêntica, ela geralmente se depara com obstáculos emocionais e psicológicos. Isso porque, ao confrontar as expectativas externas ou até mesmo padrões pessoais anteriormente estabelecidos, pode apontar para uma influência negativa na forma como a pessoa se enxerga.

Já percebemos que embora a busca pela autenticidade seja valiosa e significativa, ela não ocorre sem desafios. É preciso também entender que esses desafios superados, vão gerar um impacto profundo nas percepções internas de autovalor e autoconfiança.

Quando trilhamos o caminho da aceitação, é comum também enfrentarmos um labirinto complexo de emoções, onde as máscaras que construímos ao longo do tempo são desvendadas, revelando a verdade crua de quem realmente somos. E quem está preparada para isso, não é mesmo?

Vamos lá... Respire fundo....1, 2, 3...

Ah, eu sei que tirar as máscaras que carregamos pode parecer assustador. A maioria de nós teme o que vamos encontrar por trás delas. *"Será que alguém consegue me amar por quem eu realmente sou, ou só pelo que eles querem que eu seja?"* Temos medo de nos depararmos com "nosso verdadeiro eu". E, de repente, parece que não estamos preparadas para encarar essa versão real de nós mesmas, não é verdade? Mas calma, não precisamos nos desesperar ou nos deixar paralisar pelo medo. Lembre-se que o processo é gradual, e cada passo rumo ao seu verdadeiro eu valerá a pena.

É importante perceber que a autoestima, normalmente, torna-se uma vítima dos padrões implacáveis que, muitas vezes, nos impomos. Cada imperfeição, cada desvio dos ideais estabelecidos, é como uma pedra no caminho da autoaceitação. A luta para se ver com olhos gentis, aceitando as peculiaridades e abraçando as cicatrizes emocionais, torna-se um desafio diário. E essa resistência interna, frequentemente, nos leva a construir personagens, fachadas cuidadosamente elaboradas que escondem a vulnerabilidade que tememos mostrar.

A ironia é que esses personagens, embora inicialmente destinados a proteger, acabam por nos aprisionar. *"A verdade é que, ao tentar ser tudo para todos, acabo me sentindo nada para mim mesma. Nem sobra tempo ou energia para ser simplesmente, eu."* Lembre-se que todas às vezes em que nos empenhamos para representar um papel que se alinha com as expectativas externas, perdemos de vista quem realmente somos. A construção desse personagem, essa tentativa de atender a padrões irrealistas, nos distancia da nossa verdadeira essência. É desgastante também. Olha o trabalho que é se manter "dentro do personagem" diariamente. É muita energia! Por isso, algumas vezes, estamos tão cansadas.

Somos como atrizes em um palco, interpretando uma peça que não escolhemos, nem nos agradamos, esquecendo que a pessoa mais importante desta plateia, a quem realmente deveríamos "agradar" somos nós mesmas.

E qual é o nosso verdadeiro desafio?

Nos despir dessas máscaras e encarar o reflexo no espelho sem as lentes distorcidas das expectativas externas.

Quando finalmente, aceitarmos nossas vulnerabilidades e abraçarmos nossas verdadeiras identidades, a autoestima floresce. A manutenção de personagens cede lugar à descoberta de uma força autêntica, e a autoconfiança emerge da aceitação de cada parte de nós mesmas. É um movimento desafiador, mas é importante passarmos por ele.

Portanto, encaremos os desafios da aceitação como oportunidades para nos libertar das amarras dos personagens que construímos. Porque quando desconstruímos essas fachadas, permitimos que a verdadeira essência de quem somos, finalmente, brilhe. E essa experiência, embora desafiadora, é um convite para reconstruir a autoestima e a autoconfiança de maneira autêntica, revelando uma versão de nós mesmas que é, acima de tudo, verdadeiramente repleta de poder e energia.

MERECIMENTO – POR QUE DUVIDAMOS?

A questão do merecimento, geralmente relegada ao fundo da gaveta de nossas mentes, é um ponto de reflexão importante em nossas vidas.

Você já parou para pensar por que tantas de nós têm dificuldade em reconhecer e aceitar seu próprio merecimento? Embora sejamos generosas ao estender a mão aos outros, nos mostrando gentis e compreensivas com as emoções alheias, quando diz respeito a nós, surge uma voz interior que sussurra dúvidas e nos perturba.

Parece que, ao dirigirmos nosso olhar para nosso mundo interno, somos confrontadas por uma autocrítica que nos questiona constantemente sobre nosso próprio merecimento. É como uma sombra que se projeta silenciosamente sobre nossas realizações mais significativas.

"Por mais que eu queira, ainda me vejo acreditando que minha dor e minhas lutas são castigos que justificam a ideia de que não sou

digna de coisas boas."

Saiba que o merecimento não é um mito; é uma realidade tangível, um aspecto intrínseco de nossa experiência de vida. Com urgência, precisamos descomplicar essa questão e assim poder destravar o nosso amadurecimento emocional. Portanto, como podemos reverter essa tendência de nos sentirmos inadequadas e menos merecedoras?

Aceitar que merecemos as coisas boas que nos acontecem, muitas vezes, é uma encruzilhada complexa entre a realidade do momento e os padrões internalizados de autocrítica. É como se a voz crítica, nascida da comparação e da autossabotagem, criasse um eco persistente nos sussurrando que, talvez, essas bênçãos não sejam totalmente merecidas.

"Sinto que estou sempre em uma sala cheia de oportunidades, mas a porta está trancada por uma crença, como uma voz sempre sussurrando: eu não mereço estar aqui."

A raiz desse desafio (de reverter o não merecimento) reside, na maioria das vezes, nas narrativas profundamente entrelaçadas com nossa autoestima e visão de mundo. Desde cedo, algumas de nós são expostas a ideias que sugerem que o mérito está vinculado ao esforço extraordinário ou a algum padrão de perfeição inalcançável. Esse discurso, como uma sombra, pode seguir-nos pela vida, lançando dúvidas sobre nossa capacidade de aceitar com gratidão e plenitude as coisas boas que acontecem. A manutenção de crenças antigas de que "depois de algo bom, sempre vem notícia ruim", também contribui para esta sensação de não merecer e aproveitar o que de bom surge em nossas vidas.

A **autocrítica**, frequentemente disfarçada como humildade, pode criar um filtro através do qual bloqueamos nossas realizações. Cada conquista, em vez de ser celebrada como uma vitória merecida, é cuidadosamente analisada por uma lente crítica, questionando se realmente merecemos o triunfo. *"Você não fez mais do que sua obrigação!"* Essa mentalidade autossabotadora é como uma névoa que obscurece nossa visão interna, impedindo-nos de ver claramente o valor e a validade de nossos próprios esforços.

Em meio a tudo isso, a comparação com os outros também desempenha um papel significativo nesse dilema. Ao nos medirmos em relação aos sucessos alheios, frequentemente nos sentimos aquém, desencadeando uma sensação de inadequação. E esta comparação constante, nos faz duvidar se merecemos, verdadeiramente, as bênçãos que a vida nos oferece. Além de alimentar ainda mais a crença de que não merecemos, em igual medida, a alegria e o sucesso que outros já alcançaram.

Ah, a bendita grama do vizinho!

Costumo falar que, apesar de vermos a grama verde e linda, não temos a menor noção de como ela se mantém. Não sabemos o esforço que o vizinho faz para mantê-la verdinha. Quais são as dificuldades que ele enfrenta? Como ele lida com a presença de insetos ou pragas, o quanto gasta com irrigação e adubação. E tem mais... Vemos a grama tão verdinha do outro lado e nos esquecemos que, muitas vezes, ela é brilhante e verde, mas é artificial. Resumo da ópera: não importa como é a grama do vizinho. Não podemos ficar nos comparando. Precisamos nos inspirar se quisermos ter uma igual, mas nunca, nunca, nunca, nunquinha mesmo, devemos utilizar isso como artifício para minar nossa autoestima. Cada grama é única! E o processo para cuidar dela também é singular.

Neste movimento intricado de mudança de crenças sobre o merecimento, a autoconsciência emerge como a luz inicial nesta transformação. Ao refletir sobre os padrões de autocrítica internalizados, é possível identificar as origens dessas crenças, lançando luz sobre os diálogos internos que frequentemente sabotam a percepção do próprio mérito. Por isso que celebrar as pequenas conquistas, na maioria das vezes negligenciadas, torna-se uma prática importante nesse percurso, construindo gradualmente uma ponte entre o esforço pessoal e o reconhecimento merecido. Sim, é vital desafiar as narrativas autodestrutivas.

Desde que comprou seu carro novo, depois de tantos anos de trabalho árduo, Suzane relata que ao trafegar pelas ruas com ele costuma sentir como se não merecesse estar dirigindo um carro "tão novo, aconchegante e belo": *"Não sei se sou merecedora desse carro, afinal, tantos não conseguem atingir seus sonhos; acho que deveria me contentar com um carro mais simples."*

Aceitar que merecemos as coisas boas que nos acontecem também é um ato de autenticidade. Significa reconhecer que o esforço, a resiliência e a experiência pessoal contribuem para o mérito de cada conquista. Ao olharmos para as bênçãos que recebemos (diariamente) com gratidão, iremos experimentar a alegria e a plenitude que a vida tem a oferecer.

E nesse movimento de transformar pensamentos autocríticos em afirmações positivas e compassivas, é importante criar um ambiente propício para o cultivo de uma mentalidade de merecimento.

> **Depois de algo bom, vem sempre algo MELHOR!**

Saiba que ao praticar a gratidão e visualizar o sucesso, a mente gradativamente se reconfigura, fortalecendo a convicção de que, de fato, merecemos reconhecer e celebrar nossos próprios esforços e conquistas.

Ao desfazer essas camadas de autocrítica, desafiando as narrativas internalizadas, nós começamos a abrir espaço para uma aceitação mais profunda. E este processo, de aceitar que merecemos as coisas boas, se torna uma forma de desvincular nossa autoestima de padrões irreais. Aprendemos a abraçar com mais confiança, a verdade incontestável de que merecemos cada momento de felicidade, realização e amor que a vida nos reserva. Saiba que é, acima de tudo, um ato revolucionário de amor próprio.

16

A MULHER E O ESPELHO – REFLEXOS E DESAFIOS

Capítulo 16

Olhar-se no espelho é mais do que um ato superficial de vaidade; é um encontro íntimo com a própria essência, um diálogo silencioso entre a mulher e sua imagem refletida. No entanto, essa relação geralmente é repleta de desafios, nuances emocionais e até mesmo medos profundos.

Não é segredo que o espelho, para muitas mulheres, torna-se uma tela onde a autocrítica se desenha em linhas nítidas. O implacável mundo dos padrões de beleza, principalmente amplificado nesta era digital, acrescenta uma camada adicional de pressão. O medo da inadequação, da não conformidade com as expectativas externas, cria um terreno fértil para a ansiedade, levando, a grande maioria, também a depressão.

A comparação com imagens idealizadas, frequentemente disseminadas nas redes sociais e na mídia, intensifica a pressão sobre as mulheres. E esta busca incessante pela perfeição física pode levar a uma desconexão dolorosa com a própria imagem, alimentando um ciclo de insatisfação constante.

Diante do espelho, a maioria de nós se vê imersa em uma experiência complexa, onde a reflexão física e psicológica se desdobra em uma dança intricada de emoções. Esse encontro "da mulher do espelho com si mesma", muitas vezes, é marcado por desafios extraordinários.

Não é raro descobrir mulheres que se defrontam com uma imagem que lhes parece distorcida, uma visão alterada pelas severas lentes críticas da autopercepção. Cada curva, cada traço, é submetido a uma análise minuciosa e, frequentemente, implacável. O reflexo distorcido (moldado por desequilíbrios emocionais ou padrões de beleza inatingíveis) pode desencadear uma espiral de autocrítica, levando-as a focarem em detalhes que, aos olhos alheios, provavelmente passariam despercebidos.

Pode parecer impossível aceitar, mas a imensa maioria dos homens não repara tanto nesses mínimos detalhes dos corpos femininos, como nós mesmas. Por isso, é importante aprendermos a controlar a autocrítica, sempre que percebermos que estamos exagerando.

É incrível como muitas de nós, em busca da nossa autenticidade, muitas vezes, nos apegamos a detalhes que outros não percebem ou que não têm tanta importância para aqueles que nos rodeiam. Parece tão contraditório, não é verdade? Tentar ser "autêntica" se encaixando no que o *"outro espera de mim"*. Esses detalhes podem ser desde imperfeições físicas (reais ou imaginárias) até características que, ironicamente para os outros, acabam valorizando nossa singularidade. No entanto, é como se esses detalhes fossem amplificados, transformando-se em pontos de foco que eclipsam a visão mais abrangente e positiva de nós mesmas.

Não é difícil perceber isso, quando (principalmente na adolescência) uma espinha aparece em nosso rosto. Apesar de pequena, em nossa mente ela se transforma em um monstro que ao colar em nosso rosto, nos desfigura a ponto dos outros até se afastarem de nós. Ah, nossa fértil mente! Imaginário exagerado sobre as coisas, amplificando (distorcidamente) o que deveria ser encarado como natural no rosto de uma jovem que está passando pela puberdade. E creia, certamente, o que para nós era uma "monstruosidade espinhosa", para muitos era apenas uma espinha, nada mais.

Olhar-se no espelho não é uma tarefa muito fácil. Apenas para quem está com autoestima em dia e emoções equilibradas, pode dizer que é um ato agradável. Infelizmente, para muitas de nós, principalmente para as que vivem em lutas constantes e conflitos internos angustiantes, este olhar é um rápido movimentar de olhos, quase uma dança "olhando sem querer olhar".

Quantas destas mulheres até evitam se olhar no espelho, relutantes em encarar sua imagem? Temem, de repente, perceber que a imagem refletida, talvez não corresponda às expectativas imaginárias, sociais ou pessoais. Veja como o reflexo se torna não apenas uma representação visual, mas um espelho das expectativas e julgamentos (internos e externos) que permeiam a nossa mente.

MEDOS REFLETIDOS – EXPLORANDO AS SOMBRAS NA RELAÇÃO COM O ESPELHO

Os medos associados à imagem no espelho são variados. O medo de não ser aceita, amada ou respeitada com base na aparência é uma sombra que paira sobre muitas mulheres.

A preocupação com o envelhecimento, as mudanças no corpo ao longo do tempo e a perda da juventude podem gerar ansiedade e até mesmo impactar a autoestima. E acreditem, não estou falando somente de mulheres mais maduras. Conheço algumas mulheres com seus vinte e poucos anos, que já possuem fantasmas que lhes assombram sobre este assunto. Veja só, a que ponto a nossa mente, de mãos dadas com o medo, pode nos levar.

Vamos refletir um pouquinho sobre essas inseguranças:

> ➤ **Medo de não se sentir aceita** – A necessidade fundamental de ser aceita é inerente à natureza humana, e para muitas mulheres, a aparência torna-se um veículo para essa aceitação. O medo de não se encaixar nos padrões estéticos predominantes cria uma ansiedade persistente em altíssimo

grau.

- ➢ **Medo do envelhecimento** – O medo do envelhecimento pode não ser apenas uma preocupação com a estética, mas também uma ansiedade ligada à perda de status, relevância e do valor percebido. As rugas e mudanças físicas, ao longo do tempo, podem desencadear uma luta interna entre a aceitação da passagem dos anos e a pressão para manter uma imagem juvenil. Este é um tema muito complexo, pois muitas mulheres desejam ser jovens eternamente, mas outras têm o medo de envelhecer não apenas pela aparência, mas pela passagem dos anos também significar dores, doenças e a própria finitude da vida.

- ➢ **Medo da comparação** – A era digital amplificou o fenômeno da constante comparação. Mulheres são frequentemente expostas a imagens retocadas e padrões inatingíveis de beleza nas redes sociais e na mídia. O medo de não se equiparar a essas imagens idealizadas (a grande maioria com filtro) pode gerar uma autoavaliação negativa, alimentando uma busca incessante por alcançar padrões irreais.

- ➢ **Medo do julgamento** – A preocupação com o que os outros pensam e dizem pode criar uma barreira entre a mulher e a aceitação de sua verdadeira imagem. Esse medo pode limitar a expressão pessoal e contribuir para a construção de uma máscara social.

- ➢ **Medo de traumas passados** – Para algumas mulheres, a imagem no espelho pode evocar memórias dolorosas de traumas passados relacionados à aparência. Comentários prejudiciais, *bullying* ou experiências de rejeição podem deixar cicatrizes emocionais profundas. O medo de reviver essas experiências pode contribuir para o rebaixamento da autoestima. E essas feridas emocionais geralmente criam uma lente distorcida através da qual a mulher enxerga a si mesma, perpetuando padrões negativos de pensamento.

Ao compreendermos quais medos alimentamos ou não, nos ajuda a desafiá-los conscientemente. A autorreflexão, o cultivo da autoestima e o desenvolvimento de uma narrativa interna positiva, se tornarão importantes peças para a conquista da vitória neste processo.

Perceba o quanto a imagem distorcida no espelho não apenas afeta a autoestima, mas também permeia outros aspectos das nossas vidas. Pode influenciar relacionamentos, escolhas profissionais e até mesmo a nossa saúde física e mental. Mulheres que internalizam uma visão negativa de si mesmas podem se fixar em relacionamentos prejudiciais, devido a busca incessante de validação externa. E a maioria nem percebe que este é, na verdade, um movimento autodestrutivo.

Observe que a busca incessante pela perfeição física pode desviar a atenção de outras dimensões importantes da vida, como conquistas pessoais, habilidades, talentos e o desenvolvimento de relacionamentos significativos. A obsessão pela aparência pode tornar-se uma prisão que limita o florescimento de outras facetas da identidade feminina.

E não, eu não sou contra procedimentos estéticos ou outras formas de cuidado com a beleza. Cada uma de nós tem o direito de escolher como se sente melhor consigo mesma e procurar meios de se sentir bem e bonita. O problema surge quando o exagero toma conta e começamos a nos perder nesse processo. O desejo de mudar acaba se tornando uma busca incansável por uma perfeição que nunca chega, e, aos poucos, deixamos de nos reconhecer. O foco aqui não é julgar as escolhas de ninguém, mas refletir sobre o quanto estamos nos afastando da nossa verdadeira essência quando caminhamos em direção aos exageros, em busca de uma imagem idealizada. E "para que" ou "para quem" tudo isso?

<u>Redefinindo o diálogo com o espelho:</u>

Nesse complexo relacionamento com o espelho, há uma oportunidade para uma transformação mais profunda. À medida que conseguimos reconhecer a distorção, também podemos começar a questionar as lentes através das quais estamos nos enxergando.

Com frequência, nos vermos aprisionadas em um ciclo de autocrítica implacável, onde a percepção distorcida de nossa própria imagem nos consome.

Muitas vezes, quando éramos mais jovens, nos enxergávamos como gordas demais, magras demais, ou simplesmente não correspondendo aos padrões de exigência impostos pela nossa própria mente. No entanto, ao olharmos para uma foto do passado, acabamos por experimentar uma situação até confusa. Somos confrontadas com uma verdade desconcertante: éramos belas em nossa singularidade, radiantes, com corpos saudáveis que nos sustentavam em todas as nossas aventuras. E então, percebemos que a angústia e a preocupação que tanto nos afligiam não residiam em nossas formas físicas. Que os defeitos e as distorções não eram do nosso corpo, mas estavam, na verdade, alojados somente em nossas mentes. Talvez seja um bom lembrete de que a forma como nos enxergamos agora também pode não ser exatamente fiel ao que somos de verdade.

É tempo de desafiar essas percepções distorcidas e reconhecer a beleza e a plenitude que sempre estiveram presentes em nós. E o desafio é desvincular a imagem refletida de padrões prejudiciais e abraçar uma visão mais compassiva e realista de nós mesmas. Assim, o espelho pode deixar de ser apenas um crítico e se tornar um aliado na experiência de autoaceitação.

Nessa reconstrução da imagem, podemos nos libertar das amarras da distorção e nos aventurarmos em um processo de nos ver com mais clareza, além das aparências superficiais.

É necessário aprender que o verdadeiro reflexo não está apenas na superfície, mas nas histórias de superação, nas conquistas, na resiliência e na autenticidade que cada uma de nós carregamos. É fundamental cultivar uma relação saudável com a própria imagem, reconhecendo a beleza na diversidade.

Ao desafiar as expectativas externas e internas, podemos transformar o ato de nos olhar no espelho em uma celebração da singularidade, da força e da beleza que vai além dos padrões superficiais. Por isso, desejo encorajar em todas nós, a fazer uma mudança na nossa mentalidade, onde a beleza possa ser reconhecida em todas as suas formas. Sendo assim, é fundamental que você comece a romper com padrões prejudiciais, construindo uma relação mais saudável e amorosa com o espelho e com si mesma.

E pensando nesta jornada de autodescoberta, gostaria de compartilhar um exercício profundamente transformador: **o Exercício Terapêutico do Espelho.**

Neste momento de conexão com si mesma, permitam-se olhar para dentro e reconhecer a beleza e a plenitude que sempre estiveram presentes em seu ser.

Apesar de ser um exercício simples, é importante ressaltar que também é uma atividade desafiadora, podendo fazer emergir diversas emoções. Ao confrontar-se com sua própria imagem, é natural que surjam sentimentos de desconforto, autocrítica e até mesmo resistência. Portanto, esteja ciente de que esse processo requer treino, paciência e perseverança. E se em algum momento sentir-se sobrecarregada ou incapaz de lidar com as emoções que surgirem, não hesite em buscar ajuda terapêutica. Um profissional qualificado poderá oferecer o apoio necessário para orientá-la através deste processo delicado e ampará-la diante do desafio de se olhar no espelho.

Para aquelas que acreditam que podem lidar com as ondulações de suas emoções, uma ideia: comecem devagar, no primeiro dia olhem-se de leve, sem tanto aprofundamento e, aos poucos, vá se deixando ficar por mais tempo. E seja gentil com si mesma!

Exercício Terapêutico do Espelho:

Reconhecendo a Beleza Interior

1. Encontre um momento tranquilo e um local confortável onde você possa se dedicar a este exercício sem interrupções.
2. Posicione-se em frente a um espelho de corpo inteiro. Respire profundamente algumas vezes para relaxar e centrar-se no momento presente.
3. Permita-se olhar diretamente nos seus próprios olhos. Observe as características do seu rosto, sua expressão facial e seu corpo como um todo. Evite julgamentos ou críticas, apenas observe com gentileza e curiosidade.

4. Enquanto se observa no espelho, comece a reconhecer e agradecer pelo que você vê. Reconheça suas características únicas, seus traços marcantes, suas expressões de amor e bondade. Agradeça pelo seu corpo que sustenta você e por tudo o que ele é capaz de fazer.

5. Conforme você continua a observar sua imagem refletida, concentre-se em cultivar pensamentos de compaixão e aceitação por si mesma. Lembre-se de que a beleza verdadeira reside na autenticidade e na bondade que emanam de dentro de nós.

6. Se surgirem pensamentos críticos ou negativos, observe-os gentilmente e deixe-os passar, trazendo o foco de volta para a sua respiração e para o momento presente.

7. Ao final do exercício, tome um momento para refletir sobre suas experiências. Anote quaisquer *insights* ou sentimentos que surgiram durante o processo.

Este exercício pode ser uma oportunidade de reconectar-se com si mesma, de cultivar a autoaceitação e de reconhecer a beleza interior que sempre esteve presente dentro de você. Pratique-o regularmente como parte de seu processo de autocuidado e amor próprio.

17

CORPO E MENTE – UMA CONEXÃO PROFUNDA COM AS EMOÇÕES

Capítulo 17

Quantas vezes nos encontramos aflitas, ansiosas, sem entender completamente a origem desse desconforto? Quantas vezes nossos corpos nos enviaram sinais de alerta, apenas para serem ignorados em meio à correria da vida?

A relação entre corpo e mente é profunda e complexa, moldando nossa experiência diária e nossa qualidade de vida. E quando essa conexão é nutrida, podemos atingir um estado de equilíbrio e bem-estar notável.

Imagine seu corpo como um reflexo do que acontece em sua mente. Quando a mente está sobrecarregada de preocupações e tensões, o corpo frequentemente responde com sintomas físicos. Da mesma forma, se não cuidarmos do nosso corpo com amor e atenção, podemos ter um impacto significativo em nossa saúde mental. Não há divisão, apenas uma unidade indivisível. E esta interconexão entre corpo e mente é uma peça essencial do que nos torna seres completos.

Nosso corpo fala conosco através de sinais e sintomas. A ansiedade pode se manifestar como uma sensação de aperto no peito, a tristeza como um peso nos ombros, a raiva como uma pulsação acelerada. Perceba como o nosso corpo nos alerta quando algo está desequilibrado, quando precisamos prestar atenção às nossas emoções e cuidar também de nossa saúde mental.

É necessário reconhecermos a magnitude dessa conexão e abraçarmos a responsabilidade que vem com ela. Ao ouvir atentamente os sussurros de nossos corações e os clamores de nossos corpos, podemos desvendar os mistérios de nosso ser e alcançar um estado de plenitude e harmonia.

A responsabilidade de cuidar desta "casa" em que vivemos é totalmente nossa; com seus compartimentos mentais e físicos que precisam, todos os dias, de carinho, gentileza, cuidado e atenção. Como arquitetas de nossa própria "casa", é essencial também que aprendamos a nutrir ambas as dimensões de nosso ser, de modo a alcançar uma harmonia duradoura.

Descansar ou continuar?

No processo de reconhecimento dos limites do nosso corpo e da nossa mente, uma das questões mais desafiadoras que enfrentamos é encontrar o equilíbrio entre o descanso e a atividade, entre saber a hora de parar e a hora de seguir em frente. Esta é uma dança delicada entre ouvir os sinais do corpo e da mente, e tomar as decisões adequadas para cuidar de nosso bem-estar físico e emocional.

E qual é a dificuldade? Reconhecer onde parar e onde continuar. Algumas vezes, vamos precisar impulsionar a nossa mente ou o corpo para entrar em movimento e criar energia. Entretanto em outras situações, é necessário compreender que a parada (descanso) é a melhor solução. E o problema é que, frequentemente, estamos utilizando uma destas estratégias na situação errada.

Há momentos em que nosso corpo (ou a nossa mente) clama por descanso, por uma pausa na correria frenética do dia a dia. No entanto, muitas vezes, ignoramos esses sinais, empurrando-nos além de nossos limites, exigindo uma carga de energia que simplesmente não possuímos. Persistimos, exaurindo nossas reservas até o ponto de exaustão, sem perceber que estamos negligenciando nossa própria saúde e vitalidade. Neste caso, a parada seria a melhor opção, deixando o corpo ou a mente se recuperar. Deixar um tempo para recarregar a energia e eliminar o cansaço é essencial.

Por outro lado, existem situações em que o movimento é necessário, onde a estagnação pode nos aprisionar em uma zona de conforto ilusória. E quando nos permitimos acomodar ou nos distrair, podemos perder a oportunidade de crescer e evoluir. O impulso para o movimento é fundamental para gerar energia e *momentum*, para nos impulsionar em direção aos nossos objetivos e aspirações mais elevados. E então, quando precisávamos "agitar" as engrenagens, nós paramos. Sentimos aquela aura preguiçosa nos consumir ou, pior, pendemos para a melancolia, ruminando pensamentos que só nos levam para mais fundo.

Quando é o momento de parar e quando é o momento de impulsionar? Saiba que a resposta nem é sempre clara e pode variar de acordo com as circunstâncias individuais. No entanto, ao cultivarmos uma maior consciência de nossos próprios limites e necessidades, podemos começar a discernir os sinais que nos guiam para a estratégia mais eficaz diante daquela situação em que nos encontramos.

Para isso, é necessário aprender e honrar os ritmos naturais de nosso corpo e mente, reconhecendo (com sinceridade) quando precisamos de descanso e quando precisamos de movimento.

Se você tiver dificuldade para compreender os sinais do seu corpo e mente, sugiro praticar a técnica da Atenção Plena. Através da meditação e da observação consciente de nossos pensamentos e sensações corporais, podemos cultivar uma maior consciência de nós mesmas e das interações sutis entre mente e corpo. Reserve um tempo diariamente para isso.

E cuidado! Geralmente o *"não tenho tempo"* ganha vida e nos consome diante de práticas que nos tornariam até mesmo mais produtivas. Saiba que ao dedicarmos momentos preciosos de tranquilidade a cada dia, podemos fortalecer nossa capacidade de responder com calma e clareza aos desafios que a vida nos apresenta.

Não podemos subestimar a importância de alimentar nosso corpo com nutrientes de qualidade. Uma dieta equilibrada, não só fortalece nosso físico, mas também nutre nossa mente, proporcionando energia e clareza mental para enfrentar o dia a dia com vigor e vitalidade. Lembre-se também de alimentar a sua mente, com leituras edificantes e inspiradoras, ou com filmes, concertos e documentários que lhe tragam energias positivas e acalentem a alma. **Cuidado com o que você consome mentalmente!**

Outro aspecto bastante conhecido a respeito do cuidado com o corpo (e mente) é a prática regular de atividade física. O exercício não só fortalece nossos músculos e melhora nossa saúde cardiovascular, mas também libera endorfinas, os neurotransmissores do bem-estar, que elevam nosso humor e reduzem o estresse. Seja dançando, praticando yoga, caminhando ao ar livre ou se aventurando em uma nova atividade, encontrar uma forma de movimentar-se que traga alegria e prazer é fundamental para o seu equilíbrio interior.

Você pode também encontrar maneiras de canalizar suas emoções através da arte, da escrita, da dança ou de qualquer outra forma de expressão pessoal. Este movimento lhe permitirá liberar tensões acumuladas e cultivar um maior senso de conexão com si mesma e com o mundo ao seu redor.

Assim como um jardim floresce quando é nutrido com água e luz adequadas, nossa saúde física e mental prospera quando alimentamos nosso corpo e nossa mente com bons pensamentos e bons hábitos.

A psicologia moderna tem nos ensinado que nossos pensamentos têm o poder de influenciar nossas emoções, nossas decisões e nosso comportamento. E quando cultivamos uma mentalidade positiva e construtiva, abrimos espaço para a clareza mental e a perspectiva otimista. Da mesma forma, quando priorizamos hábitos saudáveis, como alimentação balanceada, exercício regular e sono adequado, fortalecemos não apenas nosso corpo físico, mas também nossa capacidade de lidar com o estresse e os desafios do dia a dia.

Reconhecer que a saúde do corpo e da mente estão intrinsecamente ligadas, e que não podemos alcançar o bem-estar pleno sem cuidar de ambos os aspectos se torna um processo fundamental em nossas vidas. Quando negligenciamos nossa saúde mental, podemos experimentar um declínio em nossa saúde física, e vice-versa. Portanto, devemos adotar uma abordagem holística para o autocuidado, que leve em consideração tanto nossas necessidades físicas quanto emocionais.

Aos poucos vamos percebendo que ao nutrir corpo e mente com carinho e atenção, não apenas aumentamos nossa resiliência diante dos desafios, mas também ganhamos lucidez diante de nossas ações e decisões. A clareza mental nos permite ver além das distrações e das preocupações superficiais, e nos ajuda a focar no que realmente importa em nossas vidas.

E então, vamos nutrir nossos corações com amor e nossas mentes com sabedoria? Assim poderemos viver as nossas vidas com mais plenitude e significado. Com uma mente clara e um corpo saudável, seremos capazes de enfrentar os altos e baixos da vida com muito mais confiança e serenidade.

18

COMPARAÇÃO – O INIMIGO VISÍVEL DO SEU CRESCIMENTO

CAPÍTULO 18

Muitas mulheres vivenciam uma sensação de inferioridade quando, ao olhar para os lados, acreditam que outras mulheres são mais felizes, mais bem-sucedidas ou simplesmente melhores em lidar com suas vidas. Sim, sei que parece que elas têm tudo sob controle, enquanto a maioria de nós carrega nossas lutas em silêncio.

É claro que conheceremos mulheres bem resolvidas, que conseguiram conquistar um bem-estar físico, mental e espiritual equilibrado. Elas alcançaram um novo patamar na escada de aprendizado da vida. Entretanto também sabemos que outras mulheres apesar do "ar de sucesso" que se esforçam para espalhar por onde passam estão, internamente, vivenciando situações complicadas em seu dia a dia e nem sempre o que elas mostram ao público condiz com o que é real em suas vidas.

A questão que desejo trazer para a nossa reflexão neste capítulo não é exatamente sobre quem alcança o sucesso ou sobre quem finge tê-lo. O ponto central está em como nós lidamos com os pensamentos e sentimentos que surgem ao olharmos para os lados, e que nos levam a nos compararmos com os outros. O que muitas vezes não percebemos é que a forma como interpretamos essas comparações tem um impacto profundo no nosso bem-estar. Afinal, esses pensamentos podem nos impulsionar para cima, nos motivando a buscar nosso próprio crescimento e sucesso, ou podem nos arrastar para baixo, alimentando sentimentos de inadequação, depressão e outros conflitos emocionais.

Quando nos comparamos constantemente, somos levadas a acreditar que em todo o universo, somos as únicas a enfrentar desafios, a lidar com sentimentos de fracasso ou insegurança. Mas o que esquecemos é que a vida das outras pessoas, especialmente nas redes sociais ou em interações superficiais, nem sempre reflete a realidade completa. As dificuldades, as dores e os momentos de vulnerabilidade, muitas vezes, ficam escondidos, criando uma falsa ilusão de perfeição. E não é raro que essa percepção distorcida, do que é real ou não nas redes sociais, acabar aumentando a sensação de inadequação em nós mesmas. Lembra que falamos na "grama do vizinho" nos capítulos anteriores?

Precisamos parar de abastecer esse ciclo de baixa autoestima e frustração, criado por esta comparação contínua.

"Olho para o lado e só vejo pessoas com vidas perfeitas, enquanto na minha parece que tudo está fora do lugar."

Saiba que ao alimentar esses pensamentos de se sentir inferior, você estará desencadeando uma resposta emocional negativa, que irá colocar a sua mente em uma posição de constante autocrítica e insatisfação. Por isso, é muito importante entender que o que vemos nos outros é apenas uma parte da história, e que cada mulher tem suas próprias lutas internas.

Sim, vou novamente falar sobre o quanto é essencial desenvolvermos a autocompaixão e a capacidade de reconhecer que somos únicas (que nossa história também é única). E lembrar também que se quisermos nos libertar da armadilha da comparação, precisaremos construir uma relação mais saudável com nós mesmas, baseada na aceitação e crescimento, sem o julgamento severo a que muitas de nós se submete ao longo do dia. Repetitivo? Talvez. Mas completamente necessário.

É essencial reforçar essa mensagem até que ela se torne parte de nós, até que possamos realmente "respirar" a ideia de nos tratarmos com mais gentileza e compaixão. Muitas vezes, levamos tempo para internalizar a importância de sermos nossas próprias aliadas, e por isso, repetir essa reflexão é um movimento necessário para que, aos poucos, possamos transformar nossa forma de olhar para nós mesmas.

QUANDO O SUCESSO ALHEIO NÃO DIMINUI O SEU BRILHO

Nós, mulheres, temos uma tendência quase automática de nos compararmos umas às outras. Olhamos para as conquistas de outras mulheres e, em vez de enxergar inspiração, acabamos nos sentindo inferiores. Aqui, é importante destacar que muitas vezes, essa comparação não surge de um lugar de inveja – não se trata disso. O que sentimos é algo mais profundo: uma sensação de *"estou ficando para trás"*, de não sermos suficientes. Sabemos que a inveja existe, mas aqui, quero falar sobre aquelas que, ao se comparar, perdem energia, se sentem desprovidas de qualidades e acabam acreditando que estão falhando. *"Sinto que a minha vida é um fracasso total"*. Pensamentos como este permeiam as mentes destas mulheres e não é difícil que, aos poucos, algumas decidam não mais sair de suas casas. Elas se isolam em seus mundos, recolhidas, tentando se proteger e se afastar de tudo, para não enfrentar o que mais lhe incomoda.

Um dos maiores problemas dessa comparação constante é que ela nos drena, nos impede de enxergar o nosso próprio valor e obscurece as conquistas que já alcançamos. E o que precisamos lembrar é que cada uma de nós tem sua própria trajetória, suas batalhas internas e momentos de vitória que, na maioria das vezes, *não são visíveis para os outros*.

Ah querida leitora, é necessário sempre nos lembrar que quando nos comparamos, estamos na verdade nos julgando com base numa versão parcial, um simples recorte da realidade de outra pessoa, e isso nunca será justo com a nossa própria história e experiência de vida.

191

Na minha prática como psicóloga, costumo dizer algo que acredito ser fundamental para o nosso bem-estar: ao invés de nos compararmos, vamos começar a nos inspirar. É algo que sempre sugiro às minhas pacientes:

Não se compare...

Se inspire!

Observe que quando olhamos para os outros com a intenção de nos comparar, acabamos muitas vezes nos diminuindo e perdendo o foco do que realmente importa – a nossa própria vida. Porém ao escolhemos nos inspirar, abrimos espaço para aprender, crescer e nos motivar. Parece uma mudança tão simples não é mesmo? E não tenha dúvidas do quanto essa mudança na forma de olhar pode transformar profundamente a maneira como lidamos com os desafios da vida.

Novamente... eu sei o quanto é fácil falar. Mas lembre-se que tudo (ou praticamente tudo) demanda tempo, paciência, perseverança e muita... muita prática.

"A vida é igual a andar de bicicleta. Para manter o equilíbrio é preciso se manter em movimento."
Albert Einstein

E então, se você é uma mulher que vivencia esta experiência do ciclo da comparação, convido você a mudar o foco. E se, ao invés de medir a sua vida pela régua dos outros, você começasse a se inspirar nas histórias e nas qualidades que tanto admira nestas pessoas?

O sucesso de outra pessoa não precisa vir com uma carga

imensa a ponto de diminuir o seu valor, lhe deixando uma sensação de incapacidade e fraco poder. Pelo contrário, ele pode ser uma fonte poderosa de motivação. Se enxergarmos essas conquistas como exemplos de possibilidades, abriremos espaço para aprender, crescer e, acima de tudo, acreditar que também somos capazes de alcançar nossos sonhos, cada uma ao seu tempo.

Não perca mais tempo pensando no que ainda não conseguiu empreender, no que **ainda** não conseguiu conquistar para a sua carreira, seu corpo, sua vida e sua mente.

Ainda.... Ah, essa palavra é tão gentil quando a utilizamos em contextos certos.

Às vezes, subestimamos o impacto das palavras que usamos com nós mesmas, não é verdade? E saiba que ao inserir essa palavra em nossos pensamentos podemos suavizar o peso da negatividade, além de nos trazer uma sensação de esperança. Observe que quando dizemos *"Eu não consegui o emprego que desejo"*, estamos nos fechando para possibilidades futuras. Entretanto, se mudarmos para *"Eu ainda não consegui o emprego que desejo"*, passaremos a acreditar que estamos em processo, que as oportunidades estão à frente. Da mesma forma, *"Eu não sou boa nisso"* pode ser transformado em *"Eu ainda não sou boa nisso'*, um diferente pensamento que nos orienta a buscar alternativas de crescimento. Perceba que o *"ainda"* nos recorda de que nossas dificuldades não são permanentes – elas são apenas etapas de um percurso em direção a nossa evolução.

Consegue perceber que a inspiração é uma força que nos impulsiona para frente, enquanto a comparação nos trava no lugar?

Quando admiramos alguém de forma genuína, sem nos colocarmos em posição de inferioridade, aprendemos que o sucesso não é uma competição. Ele é expansivo, ele pode ser compartilhado.

Ao nos inspirarmos em outras mulheres estaremos reconhecendo que o caminho delas pode nos ajudar a descobrir novas formas de construir o nosso próprio. E isso é libertador, porque nos tira da armadilha da comparação e nos coloca em um lugar possibilidades, pois nos apresenta a oportunidade de nos inspirarmos em modelos que promovam, autoconfiança e bem-estar.

Mas atenção: inspirar não quer dizer "copiar"; inspirar significa obter elementos para, a partir disso, construirmos algo, colocando nosso próprio estilo, nosso talento, e claro, nosso próprio tempero.

Precisamos, mais do que nunca, parar de correr em busca de padrões inatingíveis ou acreditar que somos inferiores por <u>ainda</u> não ter conquistado o que alguém já conquistou.

Acredite estamos todas em movimento. Todas passamos por situações e desafios em nossas vidas. E pode ser que a pessoa que você observa neste exato momento, e que esteja aproveitando a vida, já tenha passado por alguma lição que você precisa passar agora. Ou seja, é tudo uma questão de tempo.... Não o tempo do outro, mas o nosso tempo.

E então, vamos praticar este exercício de <u>seguir nos inspirando, aprendendo e crescendo, sem a necessidade de nos comparar com os outros?</u> E aos poucos vamos nos libertando deste ciclo, percebendo e aceitando que cada uma de nós tem o seu próprio caminho.

19

A ANSIEDADE DA PERFEIÇÃO

Capítulo 19

Já falamos bastante o quanto a busca pela perfeição, seja no âmbito da beleza física ou referente aquilo que fazemos, nos leva a caminhos problemáticos. A necessidade de nos sentirmos "perfeita" nos coloca em um modo de funcionamento com propensão a desenvolver distúrbios que irão minar a nossa saúde física e mental. E embora esta busca pareça inofensiva, ela pode se tornar uma das maiores fontes de ansiedade que enfrentamos.

Quando colocamos a perfeição como meta, estamos nos impondo um padrão inatingível e, muitas vezes, até desumano. Com o tempo, nos mantemos em um ciclo de autocrítica e insatisfação e por mais que alcancemos bons resultados, sempre encontraremos algo que poderia ter sido "melhor". Um caminho de pensamento que nos desconecta da realidade e alimenta um solo fértil para o descontrole da ansiedade. Isso, porque sempre iremos acreditar que nunca conseguiremos fazer, ou ainda que nunca iremos sentir que somos "suficientes".

Ao longo do livro, em praticamente todos os capítulos, a prática constante por esta busca irreal do "ser perfeito", nos demonstra também o quanto nos afastamos da nossa própria identidade. E neste mergulho que aqui fazemos, pelo resgate da autenticidade, precisamos nos libertar destas correntes que nos prendem neste ciclo, descontruindo aos poucos essa necessidade dessa perfeição.

E uma das maneiras que podemos fazer isso é compreender que a imperfeição também faz parte da vida. A psicologia nos mostra que, na maioria dos casos, o "perfeccionismo exacerbado" *não é sinônimo de excelência, mas de uma tentativa de controlar o incontrolável e evitar a vulnerabilidade do erro ou da falha.*

Afinal, *o que é ser perfeito? Quem define esse parâmetro?*

Acredito que seja algo bastante relativo, porque algumas vezes podemos ter conseguido essa "perfeição" apesar dos erros e pequenos detalhes. Se observarmos com olhos mais gentis para nossa própria história: *"Foi perfeito! Fiz o que estava ao meu alcance e fui até onde eu pude, sem ferir ou me machucar."*

E lá estamos nós falando em limites novamente... Lembram da casa que construímos? Arquitetura emocional, consciente de seus limites?

Veja como é algo realmente relativo esta tal perfeição. Para ser perfeito, primeiro preciso compreender que não existe uma forma (destas de bolo) onde tenho que moldar minhas experiências com base naquele formato rígido que fora criado. O molde, como o nome mesmo diz, é apenas um modelo, um exemplo de "mapa" que podemos utilizar. Entretanto, posso criar caminhos alternativos e até descobrir novos lugares neste mapa.

Outra pergunta que precisamos fazer é: *Perfeito para quem?*

E a resposta para este questionamento também não é algo tão simples. Inicialmente a pergunta nos leva a questionar sobre a ideia do molde. É perfeito para você, mas será que também é perfeito para mim? Nem sempre o que serve para uns servirá para outros.

<u>Um breve exemplo:</u> uma loja de roupas tem um vestido básico preto que é a grande sensação do momento. Dez mulheres resolvem comprar o vestido. Você provavelmente já deve ter percebido que o mesmo modelo de vestido não irá ficar igual em todas elas. E não estamos falando somente de mudança por causa da altura ou formato corporal, mas também porque algumas destas mulheres, certamente, também irão incrementar o vestido com algum detalhe diferente. Chamam isso de "customização". E também podemos chamar de "personalização".

O que desejo demonstrar aqui é que, embora o modelo (vestido preto) seja igual, cada uma delas irá ajustar o vestido ao seu corpo e ao seu modo de ser. Note que não é o mesmo vestido para todas elas, é um vestido para cada uma delas, ou seja, elas partem do mesmo modelo, mas cada uma terá o seu próprio vestido para adequar da melhor maneira para si mesma. Algumas irão preferir um vestido mais comprido, outras vão querer bem mais curto. Teremos mulheres que irão colocar um cinto na cintura para realçar, outras deixarão ele mais livre ou colocarão um acessório para destacar. Ah, sem falar naquelas que gostam de acrescentar algum elemento bordado ao vestido para deixa-lo ainda mais "a sua cara".

E não é diferente em outros aspectos da vida. Precisamos sempre nos lembrar que algumas coisas, eventos e situações, são como aquele vestido preto. Nós temos que analisar como fica melhor, se vale a pena cortar um pouco, ajustar ou ainda adicionar algo que possa nos valorizar. E ainda mais, também é necessário pensar se realmente queremos este vestido preto, se desejamos passar por esta experiência ou não. Apesar dele estar "na moda", isso não significa que tenhamos de adotá-lo e usar só para mostrar que somos atualizadas; contrariando nossa verdadeira vontade de ter um vestido bem diferente daquele.

Outra reflexão que fazemos sobre a pergunta: *Perfeito para quem?* Refere-se a quem queremos alcançar com este movimento de nos tornarmos perfeitas. Quem nós queremos atingir? Quem queremos agradar ou mostrar que conseguimos?

Para quem você se esforça tanto para ser perfeita?

Seja para agradar ou em uma tentativa extenuante para provar que pode ir mais longe, a simples menção de fazer tamanho esforço para alguém, já demonstra um desequilíbrio na relação que temos com os outros (e com nós mesmas!). E não, não precisamos exceder nossos limites, colecionando uma série de problemas emocionais, somente para provar algo para alguém, que na maioria das vezes nem se importa. Você já pensou sobre isso?

Em muitos casos, os nossos esforços para agradar ou provar alguma coisa para alguém, são somente importantes para nós mesmas. E não é incomum nos deparamos com a realidade de que ao "conseguirmos", as pessoas a quem queríamos provar algo nem sequer validam nossas conquistas. E mergulhamos em mais um movimento desesperado que só fortalece a dependência emocional. É necessário romper também com este ciclo.

Iremos falar mais sobre a dependência emocional no capítulo sobre relacionamentos. Aqui a ideia é refletir sobre o quanto nos importamos com a opinião dos outros. O quanto, ao nos tornarmos dependentes, é quase inevitável que, em algum momento, nos vejamos buscando a validação externa para confirmar quem somos, nosso valor e até mesmo nossa história. Nos tornamos reféns dessa necessidade de aprovação, como se o olhar alheio fosse o espelho definitivo que reflete a nossa própria identidade. Olha a que ponto chegarmos com esta busca desenfreada pela validação!

Acredite essa dependência emocional nos coloca em uma posição de vulnerabilidade, fazendo com que nossa autoestima flutue de acordo com o que os outros dizem ou deixam de dizer. E torna-se fundamental nos lembrar que a verdadeira validação deve vir de dentro (de nós mesmas).

Não deixe que a constante busca pela perfeição impeça você de viver o momento presente. Perceba que ao se manter focada no que ainda não está certo, no que pode dar errado ou no que os outros vão pensar, aprisiona você em uma avalanche de pensamentos confusos. E a ansiedade emerge justamente dessa desconexão com o aqui e agora, e do medo de não correspondermos às expectativas (nossas e dos outros).

Somente quando deixamos de medir nosso valor pelas expectativas externas, começamos verdadeiramente a nos reconectar com quem realmente somos e com o que realmente importa. Saiba que esse é um processo profundo de libertação, onde nos damos permissão para nos validar, sem que o peso da opinião alheia determine o nosso percurso.

Ao abraçar nossa humanidade, nos libertando da necessidade de aprovação, damos a nós mesmas o espaço para respirar, crescer e aprender, mesmo com os nossos erros. Nos fortalecemos emocionalmente e descobrimos que o caminho autêntico e saudável não é sobre ser perfeita, mas sobre perceber que amadurecer envolve também o processo de tentativas e falhas. E a partir disso, também começamos a entender que o verdadeiro sucesso está em continuar caminhando, apesar de todos os tropeços.

<u>FORTALEZA INTERNA – DEIXE AS CRÍTICAS PASSAREM SEM TE FERIR</u>

Com o tempo vamos perceber que uma das grandes lições que aprendemos na vida (algumas vezes da maneira mais difícil) é a de que não devemos levar tudo para o lado pessoal. Descobrimos que <u>as palavras e atitudes dos outros, na verdade, dizem muito mais sobre quem eles são e como enxergam o mundo, do que sobre quem nós somos</u>.

É uma ideia simples de se perceber, mas às vezes torna-se um aprendizado bastante difícil de internalizar. Principalmente quando nossa mente nos condicionou, por anos, a buscar validação externa ou a nos moldar de acordo com as expectativas alheias.

Observe quantas vezes, quando alguém fez alguma crítica, julgou ou mesmo nos ignorou, tivemos a tendência de internalizar esses comportamentos como um reflexo do nosso próprio valor. Quantas vezes nos importamos tanto com o que dizem sobre nós, sem realmente analisar <u>a pessoa que fala</u> e sobre <u>o que esta pessoa fala</u>? E assim colocamos a nossa autoestima nas mãos desta pessoa, para que ela defina o valor que temos diante do que foi dito.

> *Quem tem o poder de definir*
> *quanto você vale é*
> **VOCÊ!**

Ah querida leitora, não podemos deixar nas mãos dos outros o poder de definir a nossa autoestima. **Lembre-se que uma joia nunca terá o valor merecido, se colocada nas mãos daqueles que não sabem reconhecer o seu brilho e não entendem o seu verdadeiro valor.** Ela vai ficar perambulando, esperando que a sorte traga alguém que enfim a reconheça.

Compreenda que, geralmente, comportamento do outro tem mais a ver com suas próprias crenças, experiências e fragilidades do que com quem realmente somos. E o grande segredo está em entendermos que o pensamento ou a fala deles são frutos de uma visão limitada que eles têm do mundo. Não podemos deixar que se tornem uma verdade incontestável e absoluta sobre nós.

Quanto mais internalizamos essas ideias, mais deixamos de nos importar e nos ofender facilmente. Ou melhor explicado: até podemos nos ofender e nos importar, afinal somos humanas. Mas não deixaremos que isso acabe com o nosso dia ou nos mantenha em uma ruminação que abale nossa autoconfiança, minando todas as áreas de nossa vida.

"Por que isso ainda me incomoda tanto? Parece que esse comentário ficou grudado em mim, mesmo eu sabendo que não deveria dar tanta importância."

Libertar-se do peso de levar tudo para o lado pessoal é um processo, e requer prática. É normal que, no início, nos sintamos abaladas ou magoadas com palavras ou olhares que parecem julgadores. Mas, à medida que desenvolvemos essa consciência, começamos a perceber que não temos controle sobre como os outros nos veem, mas podemos controlar como reagimos a isso. Esse é um dos pilares da saúde emocional: entender que a nossa vida é nossa, e o que os outros pensam ou falam sobre nós pertence a eles, não a nós.

Ah, é tão fácil falar.... Sim, é verdade. A parte difícil é a gente conseguir praticar isso. Mas vai por mim, é possível chegar a um ponto de não ficar mais tão incomodada e ainda conseguir ficar bem mais leve, liberando o seu emocional da ruminação eterna, apesar do que foi dito.

O medo do que os outros vão pensar ou dizer, muitas vezes, acaba moldando nossas decisões. Ficamos presas a expectativas irreais, sufocando nossos desejos e nossa autenticidade para agradar, evitar críticas ou simplesmente nos sentirmos aceitas. No entanto, viver dessa forma é o caminho para a frustração e o esgotamento emocional. A verdade é que ninguém, além de nós mesmas, pode viver nossas vidas; e quanto mais tentamos agradar a todos, mais nos afastamos de quem realmente somos.

É preciso se libertar da culpa e do medo do que os outros vão pensar, vão falar ou fazer com relação a sua vida. A sua vida é sua! O que o outro pensa... é o outro que pensa e não você. O que o outro fala, mesmo que seja a seu respeito, é o que ele tem na mente dele, como ele processa a informação e a percepção da realidade dele; isso não deve interferir em quem você é ou o que você decide em sua vida.

Em terapia, falo muito sobre o poder de se desvencilhar dessa culpa e desse medo constante de ser julgada. Porque, no final das contas, o que realmente importa é como você se sente sobre as escolhas que faz, e não a percepção limitada de quem está de fora.

Sei que este também é outro movimento para mudança que não é tão fácil. Mas entender que o que o outro pensa, fala ou faz é um reflexo da realidade dele, e não da sua, é uma das chaves para conquistar uma vida mais leve e autêntica. *Não podemos permitir que a opinião alheia determine o nosso valor ou direcionamento. A percepção do outro é influenciada por suas próprias experiências, traumas e inseguranças.*

Quando conseguimos internalizar isso, nos libertamos da necessidade constante de nos provar ou de justificar nossas escolhas. Conseguimos até parar de nos ofender facilmente. Vamos sentir algo, claro! Afinal não somos feitos de pedra e sentimos sim quando nos fazem algo que não nos agrada ou nos prejudica. Mas <u>a ideia aqui não é não sentir</u>... porque vamos sentir... <u>É sentir em um grau menor, e não deixar isso impactar em nossas vidas, nossa rotina, nosso humor e propósito.</u> É utilizar um novo filtro que nos indica com o que devemos nos importar ou não, porque algumas coisas que parecem tão impactantes, se observarmos bem, elas não farão sentido algum daqui há alguns meses ou anos. Então, por que maximizar seus efeitos? Algumas coisas, na verdade, nem iremos nos importar mais, enquanto outras, mesmo que elas nos cheguem e incomodem, não irão acabar com o nosso dia. Consegue perceber a diferença?

"Isso me incomodou um pouco, mas quem decide o rumo do meu dia sou eu, não um comentário alheio. Tenho coisas mais importantes para me concentrar. Não vou gastar minha energia com o que não vale a pena."

É essencial começamos a viver de acordo com nossos próprios valores e prioridades, sem a necessidade de carregar o fardo da aprovação externa. Liberte-se!

Construir uma fortaleza interna é entender que as críticas, comentários ou opiniões dos outros não precisam nos ferir, a menos que permitamos. Ou diante de algo bastante intencional, perceber que temos o poder de minimizar os seus danos. Afinal quando fortalecemos nossa segurança e autoconfiança, criamos um escudo emocional que nos protege de absorver o que não nos pertence. E embora não possamos controlar todos os pensamentos ou influências externas, temos o poder de evitar que esses pensamentos se instalem e ganhem controle sobre nossa mente. As palavras podem até alcançar nossos ouvidos, mas não precisam penetrar o coração.

"Não podemos impedir que os pássaros voem sobre nossas cabeças, mas podemos impedir que façam ninhos sobre elas."
Martinho Lutero

Ao escolhermos não reagir impulsivamente ao que é externo e sem importância alguma, ganhamos liberdade e, principalmente, paz. Acredite a verdadeira força está em reconhecer que, no fim, o que importa é como você se vê, não como os outros te enxergam.

20

A CARGA MENTAL INVISÍVEL

CAPÍTULO 20

Imagine o seguinte: pela manhã você acorda, já com uma imensa lista mental de tarefas (trabalho, casa, filhos, relacionamentos, saúde etc.) e então, as demandas invisíveis também começam a surgir. Elas são exatamente aquelas pequenas preocupações (ou mesmo as grandes) que nem sempre são faladas, que nem sempre estão naquela lista que escrevemos, mas estão lá... Sempre presentes.

Você já se pegou sentindo que, mesmo quando parece que está tudo sob controle, ainda há uma parte sua sempre "ligada", preocupada, planejando o próximo passo? Essa é a carga mental; um fardo que carregamos, na maioria das vezes, sozinhas.

> *Quantas vezes você já se pegou pensando:*
> *"Será que vou conseguir dar conta de tudo?"*

A carga mental invisível é exatamente isso: é o peso de todas essas responsabilidades que ficam em nossas mentes, como se fossem um *software* invisível rodando em segundo plano; levando ao uso máximo do nosso cérebro e nosso físico e consumindo assim, ainda mais a nossa energia e atenção. E o pior? Muitas vezes, ninguém ao nosso redor percebe o quanto estamos sobrecarregadas. Por isso, é tão importante dar voz a essa experiência, reconhecer seu impacto e buscar formas de aliviar esse peso. Afinal, ninguém deve carregar o mundo nos ombros em silêncio. Ou pelo menos, não deveria.

É preciso perceber que essa pressão, ainda que invisível, afeta profundamente o bem-estar emocional, mental e até físico de muitas mulheres. E o resultado vai além do cansaço aparentemente perceptível.

"Nossa, por que estou esquecendo as coisas tão fácil ultimamente? Sinto que minha cabeça está sempre tão cheia, mas tem tanta coisa pra fazer que nem dá tempo de parar pra pensar nisso. Acho que só preciso me organizar melhor..."

Como essa constante sensação de estar "devendo" algo afeta sua saúde? O que você pode fazer para aliviar essa sobrecarga? Esta parte da nossa conversa é exatamente sobre isso. Nos fazer refletir a respeito dessas questões e pensar em alguns caminhos que possam aliviar o peso que tantas mulheres carregam, sem nem perceber.

Apesar de invisível, esta carga é de certa forma, constante. E ela se manifesta de várias formas, seja com a pressão de cuidar da casa, dos filhos; ou de manter-se produtiva no trabalho; ou mesmo de estar emocionalmente disponível para todos, e ainda ter que equilibrar suas próprias necessidades. Aff, até eu cansei só de pensar e escrever todas essas tarefas! É uma carga cansativa, não é mesmo?

Cada uma dessas responsabilidades, muitas vezes acumuladas de forma silenciosa, pode se somar a ponto de sobrecarregar e afetar diretamente a nossa saúde.

As principais formas de carga mental em nossas vidas

1. **Gestão emocional da família** – Além de cuidar das próprias emoções, nós (mulheres) frequentemente assumimos o papel de "gerente emocional" da família, nos tornando responsáveis por manter a harmonia nos relacionamentos,

ajudar os filhos e até o parceiro a lidar com seus sentimentos.

2. **Responsabilidade doméstica invisível** – Mesmo quando o trabalho doméstico é compartilhado, a carga mental de planejar e organizar essas tarefas costuma, geralmente, recair sobre as mulheres. Nós nos preocupamos e pensamos nas compras da semana, no cardápio, nas roupas que precisam ser lavadas, no que falta na casa, e se a rotina que criamos está realmente funcionando.

3. **Pressão para equilibrar carreira e maternidade** – Para quase todas as mulheres que trabalham/empreendem, há uma pressão dupla. Existe uma cobrança para serem bem-sucedidas no trabalho, enquanto ainda são esperadas a desempenhar o papel de cuidadoras primárias em casa. Nem sempre essa gestão funciona e não é raro observarmos mulheres que se sentem frustradas ou culpadas por não dar conta de toda essa demanda.

4. **Autocrítica constante e rígida** – Muitas de nós, nos vemos presas a um ciclo de perfeccionismo, sempre nos questionando se estamos fazendo o suficiente ou se poderíamos fazer melhor, seja no trabalho, na aparência ou nos relacionamentos.

Veja o quanto esta carga mental é, muitas vezes, invisível aos olhos dos outros, mas profundamente sentida por nós, em cada pensamento e ação. E ela não se refere apenas às tarefas que vemos no dia a dia, mas àquela lista interminável que ocupa nossa mente: lembrar de compromissos, administrar as emoções dos que nos cercam, antecipar necessidades e resolver problemas antes que eles sequer apareçam. É um **peso silencioso**, frequentemente negligenciado, que nos esgota sem que percebamos. E sabe o que mais desafiador? É que, por ser "invisível", este esforço é raramente reconhecido ou valorizado.

"Eu me desdobro para cuidar de tudo, mas parece que ninguém nota... às vezes, me sinto invisível. Estou sempre disponível para ajudar, mas quando eu preciso, quem está aqui por mim? Às vezes me pergunto se realmente vale a pena."

É bastante comum que o trabalho silencioso de muitas mulheres dentro de suas casas, na organização do lar ou na gestão da rotina familiar, passe despercebido por aqueles que convivem com ela. As roupas limpinhas nos armários, a cozinha, a casa e as contas pagas dentro do prazo, tudo parece magicamente acontecer para algumas pessoas. O marido, os filhos, até a própria família, algumas vezes desconhecem o quanto esse esforço diário é fundamental para manter tudo funcionando. Perceber que seu esforço não é reconhecido pode gerar uma profunda sensação de desvalorização, como se todo o empenho não tivesse importância para aqueles que estão a sua volta. Essa invisibilidade faz com que muitas mulheres se sintam solitárias e sem apoio, questionando até mesmo seu próprio valor.

Quando o que você faz é visto como 'obrigação' ou algo natural, mas sem reconhecimento, o peso emocional se multiplica, e a sobrecarga mental tende a aumentar. Por isso, é importante também incentivarmos para que esse diálogo seja aberto dentro de casa. Conversar com o parceiro e os filhos sobre a realidade dessa **carga invisível** pode ser um ponto de virada para você.

Descobrir novas formas de distribuir as funções ou receber ajuda diante de algumas atribuições, facilitará e aliviará um pouco desta carga que está somente nos seus ombros. Lares que permitem essa troca de sentimentos e responsabilidades criam um espaço de maior entendimento e respeito. Você poderá demonstrar como se sente e toda a família, irá analisar suas "cargas pessoais" e as demais responsabilidades que envolvem a manutenção do espaço familiar (físico, mental, emocional e espiritual). Tudo isso juntos!

Quando há um reconhecimento do esforço por parte da família, e quando todos se envolvem, ainda que em pequenas tarefas, o peso começa a parecer que não é tão grande. Essas conversas, embora desafiadoras, podem ser libertadoras, pois não apenas aliviam a carga, mas também reafirmam o valor da mulher dentro da dinâmica familiar.

É essencial percebermos o quanto os efeitos da carga mental na saúde mental e física podem ser devastadores para as nossas vidas. Importante também saber que, na maioria das vezes, eles passam despercebidos até que o corpo e a mente gritem por socorro, solicitando nossa intervenção.

Você já sentiu seu corpo travar ou sua mente entrar em colapso, simplesmente porque o peso era demais?

"Por que será que minha energia está sempre tão baixa? Talvez eu precise de um pouco mais de café pra dar conta do dia."

Ah querida leitora, aqui mesmo o nosso amado café não vai dar conta. E, por causa de seus efeitos no corpo, ele pode até piorar o quadro.

A verdade é que **a sobrecarga mental rouba nossa qualidade de vida e nos impede de enxergar as pequenas alegrias diárias**. E com o passar do tempo, o acúmulo diário desse desgaste irá se manifestar em transtornos de ansiedade, insônia, fadiga emocional e até problemas de saúde física, como dores de cabeça, tensão muscular e problemas digestivos.

Observe o quanto torna-se urgente reconhecermos que não precisamos carregar o mundo nas costas, que não é necessário passar por tudo sozinha, e que cuidar de nós mesmas deve se tornar uma prioridade que não pode mais ser ignorada.

SÍNDROME DA IMPOSTORA

Aqui temos um tema vasto e complexo, amplamente discutido em diversos espaços. A pressão de corresponder a padrões irreais de competência e sucesso está diretamente ligada à sensação de inadequação que a síndrome provoca. E embora a ideia deste livro não seja explorá-la em profundidade, acredito que seja fundamental mencioná-la, pois seus efeitos são inegáveis quando falamos sobre a carga mental que muitas de nós carregamos. Essa sensação de se sentir uma impostora, faz com que muitas mulheres se esforcem ainda mais para "provar" seu valor, contribuindo diretamente para a sobrecarga mental e o esgotamento emocional.

A síndrome da impostora é também um fenômeno silencioso que também impacta em nossa autopercepção, distorcendo a nossa autoimagem. Ao assumirmos várias responsabilidades, como gerir a casa, o trabalho, a família e os relacionamentos, muitas vezes sentimos que precisamos ser perfeitas em tudo o que fazemos. Só que, quando finalmente conseguimos atingir grandes conquistas, esse sentimento de que *"não estamos fazendo o suficiente"* persiste em nossas mentes. E assim o ciclo de autossabotagem se mantém e alimenta, de forma implacável, a carga mental que tanto queremos diminuir.

E este ciclo, nos faz questionar frequentemente, as nossas próprias capacidades, alimentando também a sensação de que não somos *"boas o bastante"*, mesmo diante de realizações claras e tangíveis. É como se estivéssemos sempre esperando que alguém nos desmascare e revele que somos uma farsa. E vamos vivendo, dia após dia, com esse medo constante, criando um terreno fértil para a ansiedade e o estresse crônico.

Sabe o que é curioso, ou quase trágico, sobre este medo? É que muitas de nós alimenta essa ideia de que, a qualquer momento, alguém vá "descobrir" que somos uma fraude, como se tudo o que fizemos até agora tivesse sido pura sorte ou um grande erro que ninguém ainda percebeu. Mas a verdade é que, na maioria das vezes, as pessoas ao nosso redor acreditam genuinamente nas nossas capacidades, elas veem o nosso valor, respeitam nossas conquistas, e confiam no que podemos entregar.

O problema não está nos outros; está em nós, em como nos enxergamos. Somos nós que, por algum motivo, temos dificuldade em aceitar que somos competentes e que nossas realizações são fruto de nosso esforço, talento e dedicação. Quando começamos a ver o que os outros veem em nós, a desconstrução desse medo começa a acontecer. Vamos percebendo que esse autoquestionamento constante, essa incapacidade de reconhecer o nosso próprio valor, é o que alimenta a síndrome da impostora.

E sobre a carga mental? Ah, muitas mulheres que sofrem com a síndrome da impostora, tentam compensar essa sensação se sobrecarregando (ainda mais, se é que é possível), assumindo novas tarefas ou aceitando mais responsabilidades na tentativa de provar seu valor. Será que você conhece alguém que não consegue colocar seus projetos na ativa, porque sempre acredita que não estão prontos, que precisam de mais alguns ajustes (infinitos ajustes)? Ou alguém que está sempre em ciclos infindáveis de cursos, porque acredita que ainda não sabe o suficiente para começar a empreender? Isso lhe soa familiar?

"Talvez eu devesse esperar mais um pouco... não estou preparada o suficiente para esse projeto. Tenho que estudar mais e

pesquisar mais profundamente este assunto. Outras pessoas têm mais experiência que eu, não sei se sou a pessoa certa para assumir algo tão grande."

Bem, todo esse esforço, no entanto, tem um custo bastante alto: o esgotamento. A pressão interna de ter que "ser tudo para todos" pode levar ao colapso, exacerbando os sintomas de ansiedade, baixa autoestima e até depressão. E a carga mental, querida leitora, se multiplica, e, sem perceber, a mulher se torna refém da própria busca por validação.

Como começar a aliviar esse fardo? É fundamental que você reconheça que a síndrome da impostora é uma armadilha mental, e não uma verdade absoluta sobre quem você é. Desta forma, podemos começar a questionar esses padrões de pensamento autossabotadores, trazendo à tona essa realidade, buscando apoio (se necessário) para construir uma autoimagem mais equilibrada e realista.

Sei que pode parecer repetitivo, mas preciso reafirmar que não podemos mais chegar ao esgotamento físico e mental, tentando corresponder a padrões inalcançáveis; devemos realmente aprender a celebrar nossas conquistas e aceitar que não precisamos ser perfeitas.

Acredite, quanto mais nos livramos dessas armadilhas mentais, mais leve se torna a nossa vida. Criamos mais espaço para finalmente sermos quem realmente somos, sem culpa ou medo. Por isso, é essencial abandonarmos o papel de impostora, para aliviar a carga invisível que carregamos, tanto no trabalho quanto em nossas vidas pessoais.

Assim como as outras mudanças, deixar de ser impostora não é um processo fácil, porque irá exigir compaixão consigo mesma e a capacidade de reconhecer suas realizações como verdadeiramente suas. Mas saiba que ao aceitar que <u>você é, sim, boa o suficiente e que seu esforço tem valor,</u> você começa a libertar-se desse peso mental.

Quanto mais você se liberta da autocrítica constante, mais você aprende a se valorizar, e o que é melhor, a carga emocional diminui.

Quando esse processo (de se libertar da impostora) se inicia, você perceberá, aos poucos, que não precisa mais carregar o fardo de provar seu valor para os outros, porque ele já está em você. Essa mudança de perspectiva não só alivia o peso que você coloca sobre si mesma, mas também transforma a maneira como você lida com a carga mental invisível. Pequenas atitudes e mudanças que irão promover mais leveza e equilíbrio na sua vida.

21

RECONHECENDO E GERENCIANDO O ESTRESSE

Capítulo 21

Em meio ao turbilhão desta vida moderna, é difícil falar em carga invisível sem mencionar a palavra "estresse". Ele se tornou uma companhia constante para muitas de nós, não é mesmo? Pressões por todos os lados, prazos apertados e as expectativas implacáveis da sociedade podem se tornar uma carga esmagadora.

Sabemos que o estresse não apenas afeta nossa saúde física, mas também abala nosso bem-estar emocional. A carga mental invisível, somada ao estresse constante, pode se tornar um fardo insustentável. Imagine um computador que, ao ser forçado a rodar vários programas ao mesmo tempo, começa a superaquecer, até que, inevitavelmente, trava ou até entra em curto circuito. Assim como o exemplo acima, nossa mente e corpo têm limites. E quando tentamos dar conta de tudo sem pausas, acumulando responsabilidades e expectativas sem espaço para descanso, acabamos sobrecarregadas, exaustas e a beira de uma grande crise.

É nítido que, como consequência, a nossa capacidade de funcionar de forma plena diminui, levando a lapsos de memória, esgotamento físico e emocional, e até mesmo a colapsos. O primeiro passo para lidar com todo esse desafio é reconhecer a presença do estresse em nossas vidas, e perceber que, se não gerido adequadamente, o estresse nos aproxima perigosamente desse ponto de ruptura.

Outro passo importante é desconstruir a ideia de que reconhecer o estresse é um sinal de fraqueza. Na verdade, ele está bem mais para um ato de autoconhecimento e autocuidado. Todas nós enfrentamos situações estressantes em algum momento da vida. No entanto, o que diferencia cada uma de nós é a maneira como lidamos com essa pressão; a forma como conseguimos alcançar um equilíbrio para não vivermos eternamente na "corda bamba" do estresse constante.

Gerenciar o estresse é uma habilidade essencial para evitar a sobrecarga, entendendo (mais uma vez) que não podemos carregar o mundo sozinhas. Sim, é necessário priorizar, aprender a delegar e, acima de tudo, a respeitar nossos próprios limites. Assim como o computador precisa de uma pausa para resfriar, nós também precisamos de momentos de descanso e autocuidado.

Cadê as nossas pausas para manutenção, meninas? Onde estão os momentos em que vamos nos deixar descansar, sem culpa? Ou aquelas horas em que nos ofereceremos carinho através de cuidados com o corpo, pele, cabelos etc.?

Parece futilidade, mas saiba que esses intervalos nos permitem reorganizar nossos pensamentos, recarregar nossas energias e até nos permitem retomar a nossa rotina com mais clareza e serenidade. Sem isso, o ciclo de estresse contínuo pode nos empurrar para a exaustão completa, afetando profundamente nossa saúde física e mental.

Ao começar a cuidar melhor de nós mesmas, aprendendo a dizer "não" quando necessário e buscando formas de aliviar a tensão acumulada, criamos também uma espécie de sistema de proteção contra o esgotamento. Esse ato de amor-próprio nos fortalece, nos permitindo enfrentar a carga mental com muito mais leveza, diminuindo assim o risco iminente de travar ou explodir ao longo do caminho.

Estratégias para aliviar a carga

Existem algumas estratégias práticas que podemos implementar para desenvolver maneiras de equilibrar nossas responsabilidades, aliviar a carga invisível, gerenciar o estresse do dia a dia e proteger nosso bem-estar:

1. **Delegar tarefas** – Lembre-se, não precisamos carregar o peso de tudo sozinhas. Aprender a delegar responsabilidades aos membros da família, como parceiros e filhos, nos ajudará a distribuir a carga e também a promover um senso de cooperação no lar. <u>Na prática</u>, comece a delegar atividades domésticas ou pequenos projetos no trabalho; tenha conversas claras com os envolvidos e aceite sugestões que possam ajudar a resolver o problema. Isso certamente irá aliviar seu tempo e energia.

2. **Estabelecer limites claros** – Definir o que você está disposta a fazer e o que não está é fundamental. Isso significa dizer "não" para tarefas ou compromissos que excedem sua capacidade. Aprender a colocar limites é uma forma de proteção emocional e física. <u>Na prática</u>, você pode começar analisando seu calendário semanal e veja onde pode cortar ou ajustar compromissos, reservando tempo para si mesma.

3. **Criar momentos de autocuidado** – Lembra do "tempo para si mesma"? Aqui é exatamente sobre ele. Seja para um banho relaxante, leitura ou simplesmente respirar em silêncio, você usará esse tempo para recarregar suas energias e aliviar o estresse. Não precisam ser momentos financeiramente caros, mas "um tempo dedicado a você". Saiba que *momentos de autocuidado não são um luxo, mas uma necessidade.* <u>Na prática</u>, agende esses momentos como compromissos fixos em sua rotina, priorizando-os como faria com qualquer outro compromisso. Comece a ser gentil consigo mesma!

4. **Esteja presente no "Aqui e Agora"** – Isso lhe ajudará a reduzir a ansiedade e o excesso de preocupações. A prática de *mindfulness* e meditação regular permitem que você acalme a mente e libere tensões acumuladas. <u>Na prática</u>, comece com 5 a 10 minutos diários de meditação guiada, focando na respiração, ou use momentos diários para estar mais presente em atividades simples como comer ou caminhar. *"Estou cozinhando agora... Vou me concentrar no corte dos ingredientes, nas cores e cheiros, sem pressa para pular para a próxima tarefa."*

5. **Estabelecer prioridades** – Muitas vezes, tentamos fazer tudo de uma vez, o que aumenta a sensação de sobrecarga. Por isso, focar no que é realmente importante para o momento atual nos ajuda a gerenciar melhor o nosso tempo e energia. <u>Na prática</u>, ao começar o dia, liste suas três prioridades principais e concentre-se nelas, deixando tarefas menos urgentes para depois.

6. **Pedir e aceitar ajuda** – Aqui temos algo que para algumas mulheres parece difícil: aprender a pedir ajuda quando necessário. E não, não é sinal de fraqueza, mas de força. Apoiar-se em amigos, familiares ou até profissionais pode aliviar o peso das responsabilidades. Isso não tornará você menos capaz, mas irá lhe demonstrar o quanto não está sozinha. <u>Na prática</u>, reflita sobre onde você pode receber apoio e seja aberta em pedir quando precisar, seja em uma tarefa doméstica ou buscando apoio emocional com um terapeuta.

7. **Praticar atividades físicas** – Muitos estudos apontam o quanto o exercício físico é uma das formas mais eficazes

de aliviar o estresse, pois ao nos exercitar liberamos endorfinas, que promovem sensações de bem-estar em nossa mente. <u>Na prática</u>, descubra uma atividade física que você goste e incorpore em sua rotina, seja uma caminhada diária, yoga ou dança. Algo que faça você se movimentar para liberar a tensão acumulada.

8. **Desconectar-se do mundo digital** – Sabemos que o excesso de exposição às redes sociais e telas pode contribuir para o estresse. Então, que tal definir horários para se desconectar, especialmente à noite, para permitir que sua mente descanse? <u>Na prática</u>, estabeleça um período sem telas antes de dormir (1h por exemplo) ou durante as refeições, dedicando esse tempo para estar presente e recarregar a mente. Você pode tentar combinar com a família para estabelecerem um local para os celulares (um aparador ou algo assim), onde todos possam colocar lá e não levar para a mesa. Esta é uma ótima oportunidade de criar mais conexão e aumentar o vínculo familiar.

9. **Criar uma rede de apoio emocional** – Conversar com amigas, familiares ou grupos de apoio pode ajudar a compartilhar experiências e aliviar a sensação de estar sobrecarregada. Falar sobre seus desafios pode trazer novas perspectivas e soluções. <u>Na prática</u>, estabeleça momentos semanais para conversar com pessoas de confiança e compartilhar como está se sentindo.

10. **Ter uma rotina de sono saudável** – Dormir o suficiente é essencial para gerenciar o estresse. E nem sempre a quantidade é sinônimo de qualidade. O cansaço físico e mental causado pela falta de qualidade do sono torna ainda

mais difícil lidar com as demandas diárias. <u>Na prática</u>, crie uma rotina de sono regular, com horários consistentes, e evite estimulantes como café ou dispositivos eletrônicos antes de dormir para garantir um descanso reparador. Descubra formas de relaxar o corpo e a mente, como meditação ou exercício de respiração.

Gerenciar o estresse e aliviar a carga invisível exige consciência e ação. E essas estratégias, aplicadas de forma consistente, poderão ajudar você a prevenir que o estresse se acumule. Você estará não apenas preservando sua saúde mental e emocional, mas também criando um ambiente mais saudável ao seu redor.

Lembre-se, o equilíbrio não vem da perfeição, mas da capacidade de reconhecer seus limites e priorizar o que realmente importa. Ao fazer isso, você se fortalece e cria uma base sólida para lidar com os desafios diários, sem deixar que a sobrecarga lhe roube a alegria e, principalmente, a paz interior.

<u>RESILIÊNCIA PARA SUPERAR DESAFIOS</u>

A vida é realmente repleta de desafios e obstáculos, e eles, muitas vezes, nos surpreendem. Seja uma reviravolta inesperada do destino, um fracasso doloroso ou uma adversidade persistente, todas nós enfrentamos momentos em que nos sentimos sobrecarregadas. No entanto, a resiliência é esta qualidade que nos permite não apenas enfrentar esses desafios, mas também superá-los e, às vezes, até sair mais fortes do outro lado.

A resiliência é uma habilidade que também pode ser desenvolvida e fortalecida ao longo do tempo. Ela envolve a capacidade de se adaptar, de encontrar força interior e de continuar avançando, mesmo quando as circunstâncias são difíceis. É uma crença positiva de que, não importa o que aconteça, você tem a capacidade de se recuperar.

Clara sempre teve um sonho guardado no fundo do coração: iniciar seu próprio negócio e seguir sua paixão. Porém, como tantas outras mulheres, o medo do fracasso a mantinha presa em um emprego que não lhe trazia realização. O pensamento de tentar e falhar a assustava profundamente. *"Eu sentia que, se eu falhasse, todos ao meu redor me veriam como incompetente, e isso destruiria a pouca autoestima que eu ainda tinha"*. No entanto, algo dentro dela clamava por mais, um desejo que superava o medo: a vontade de trilhar seu próprio caminho.

Esta mulher que carinhosamente chamaremos de Clara, foi uma participante dedicada de nossa mentoria (Mulher e Seu Universo). Ela gentilmente concordou em compartilhar sua inspiradora jornada de determinação e superação para que outras mulheres também pudessem reescrever a sua história. Ao longo do processo de mentoria, ela começou a enxergar as próprias capacidades de forma diferente. *"Nas primeiras sessões, eu me vi questionando muito as crenças que tinha sobre mim mesma. Comecei a perceber que o medo não precisava ser o meu guia, ele poderia ser apenas uma parte do caminho"*. Ela foi quebrando, aos poucos, esses pensamentos limitantes, e a cada dia percebia que a possibilidade de falhar não a definia, mas sim sua capacidade de se levantar, aprender e persistir.

Clara desenvolveu um plano de negócios sólido e, com o tempo, começou a acreditar mais em suas habilidades. *"Eu nunca pensei que conseguiria criar algo tão concreto, algo meu. Comecei a enxergar que, passo a passo, eu podia transformar meus sonhos em realidade."* Quando finalmente deu o salto e abriu sua própria empresa, os desafios vieram (como sempre vêm). Mas, diferente do que imaginava no início, o medo do fracasso não a paralisou. *"Houve dias difíceis, é claro. Mas eu sabia que tinha me preparado para eles. A resiliência que desenvolvi foi o que me manteve firme nos momentos de incerteza.".*

Hoje, Clara vê sua empresa crescer com confiança e realização pessoal. *"Olho para trás e me sinto tão orgulhosa de não ter deixado o medo me definir. Eu sou capaz. Sempre fui, só precisava acreditar nisso."* Ela não apenas superou o medo do fracasso, como também provou a si mesma que o sucesso está no próprio caminho que escolhemos seguir, com coragem, resiliência e fé em nossas capacidades.

A resiliência é uma força poderosa, que nos permite enfrentar os desafios com mais leveza e perseverança. Mas é importante destacar que resiliência não significa evitar a dor ou negar suas emoções. Pelo contrário, envolve enfrentar o sofrimento de frente, aceitando-o e encontrando maneiras construtivas de lidar com ele.

Também não significa a ausência de dificuldades, mas a capacidade de se adaptar, aprender e crescer com elas.

Assim como Clara, todas nós também podemos descobrir que superar o medo e as adversidades não se trata de ter todas as respostas ou de nunca falhar, mas sim de confiar em si mesma, de se levantar a cada tropeço e de seguir em frente com determinação.

São histórias como essa que destacam a capacidade das mulheres de superar o medo da rejeição e do fracasso, transformando esses obstáculos em oportunidades de crescimento e realização pessoal. E a verdadeira transformação começa quando aceitamos que os desafios fazem parte do caminho e que, com resiliência, podemos seguir adiante, mais fortes, mais sábias e bem ainda mais conectadas com nossos próprios sonhos.

22

RELACIONAMENTOS AMOROSOS – CONQUISTAS, DESAFIOS E RECONSTRUÇÕES

Capítulo 22

Neste capítulo vamos entrar em um dos aspectos mais complexos e profundos da experiência humana, especialmente para nós mulheres que, ao longo de nossas vidas, costumamos carregar expectativas, sonhos e também pressões (internas e externas) em relação ao amor.

Desde muito cedo, muitas de nós aprendemos a moldar nossa visão de romance com base em ideais que nem sempre representam a realidade. E muitas vezes, essa idealização de um romance ou amor, nos leva a decepções e dores que a maioria carrega por toda a vida.

E então, como lidar quando esses ideais se encontram com os desafios da vida real? O que fazer quando a pessoa amada não era bem o que imaginávamos? Como equilibrar o desejo de construir uma relação saudável, tendo o cuidado de preservar a própria identidade e bem-estar?

Bem... Senta aí, traz o seu chá ou café que agora nós vamos explorar os desafios mais comuns que as mulheres enfrentam em seus relacionamentos amorosos.

Da dificuldade de manter a comunicação clara e saudável ao receio de perder a própria essência em prol do relacionamento, veremos que esses desafios não apenas testam o amor, mas também a nossa capacidade de amar a nós mesmas. Nesta conversa, exploratória, veremos também como o amor pode ser um grande caminho para o autoconhecimento e para a expansão emocional, quando encarado com equilíbrio e respeito mútuo.

Amar alguém e se sentir amado é um dos grandes presentes da vida. Entretanto, também é um dos ciclos mais desafiadores que temos em nossa existência. Talvez porque eles acabam trazendo à tona questões que sequer imaginávamos, quando ainda estávamos sonhando sobre "encontrar a alma gêmea".

Para muitas mulheres, um destes maiores desafios reside em manter a própria identidade em meio à relação. A pressão para se tornar a parceira "ideal" ou corresponder às expectativas pode fazer com que, aos poucos, deixemos de lado interesses, sonhos e até partes de nossa personalidade. O que era uma parceria se torna, em alguns casos, uma fusão sufocante.

Você já se sentiu, em algum momento, se moldando tanto para a relação que acaba se esquecendo de quem realmente é? Esse é um ponto que vale a reflexão: <u>o amor verdadeiro não deve apagar quem somos, mas sim permitir que cresçamos juntos, em harmonia.</u>

Já conversamos, em outros capítulos, o quanto a comunicação é essencial em todos os relacionamentos em nossas vidas e aqui não seria diferente. Em situações de conflito, algumas mulheres carregam o receio de abrir o coração e verbalizar suas necessidades. Seja pelo medo da reação do outro, seja por tentar evitar confrontos ou por traumas que ainda doem como feridas abertas em seu coração, estas mulheres preferem esconder o que sentem e o que as incomoda na relação. Mas acredite, evitar esses diálogos apenas cria barreiras invisíveis e alimenta ainda mais ressentimentos, transformando a relação em um campo de tensões não resolvidas.

Como seria se você pudesse ter uma conversa honesta e acolhedora sobre o que te incomoda ou o que você espera da relação?

É importante entendermos que uma comunicação assertiva, autêntica e respeitosa é essencial para que possamos expressar o que realmente sentimos e precisamos. Muitas vezes, é no silêncio (envolvido pelo medo) e na ausência de palavras que os maiores problemas se fortalecem.

Sabemos que não é tão simples dizer apenas que *"Você precisa se comunicar"*. Torna-se necessário também compreender que cada relacionamento é único. E isto significa que, em cada relação, iremos lidar com conflitos parecidos (mas diferentes) que exigirão de nós uma adaptação no modo de enfrentar o problema.

Por exemplo: nós podemos estar conscientes da necessidade de comunicar nossas emoções e sentimentos, mas será que o outro também está aberto a esta experiência?

Vamos lá refletir sobre isso...

Quando enfrentamos um relacionamento em que a comunicação parece ser um grande desafio, é importante conseguirmos distinguir entre <u>alguém que realmente deseja se conectar, mas não sabe como</u>, de <u>alguém que não se mostra disposto a se envolver com nossas emoções</u>. Em outras palavras: se o parceiro apenas não sabe se comunicar e tem medo de se sentir vulnerável ou ele não está nem aí para o que você sente.

No primeiro caso, a falta de comunicação surge de um desconforto ou de uma inexperiência, pois muitas vezes a pessoa simplesmente não está familiarizada com o processo de se abrir e expressar sentimentos de maneira saudável. Esse desconforto pode fazer com que evitem as conversas mais profundas, temendo expor vulnerabilidades ou até cometer erros. Nesses casos, a abordagem ideal é convidar gentilmente ao diálogo, demonstrando compreensão e paciência. É importante que o outro também perceba que o "medo" faz parte do processo, mas não precisa se tornar algo que impeça vocês de desenvolver um espaço seguro para a comunicação entre o casal. Com o tempo e a persistência, pode-se construir uma troca em que ambos se sintam valorizados, incentivando o outro a aprender e crescer na maneira de expressar seus sentimentos e ouvir os seus.

E o segundo caso, quando estamos em uma relação onde

o parceiro não demonstra interesse em ouvir ou valorizar o que sentimos? Ah, querida leitora, aqui o cenário é bem diferente. Se há uma recusa ativa (do outro) em se envolver com o que nos afeta ou um desinteresse genuíno, isso certamente nos revela uma desconexão profunda com o relacionamento. O que estamos construindo juntos? Aliás, será que existe mesmo este "juntos" ou é mais uma armadilha da idealização romântica das nossas mentes? É evidente que esta situação exige uma análise sincera sobre o que estamos recebendo dessa relação.

E sabe porque, na maioria das vezes, mesmo com alguém nos sentimos sozinhas? Porque a falta de reciprocidade e empatia nessa situação tende a gerar ressentimentos e sentimentos de um profundo desamparo. No final, você se vê amparando suas questões e as do outro, mas quem ampara você? A verdade é que **por mais que possamos criar pontes, se o outro não se mostra disposto a atravessá-las, não haverá comunicação**. E esta é uma situação bem difícil, porque não temos o poder de fazer o outro atravessar a ponte. E nem devemos tentar isso! A única coisa que realmente está sob nosso controle é sobre o que podemos fazer ao perceber isso.

Precisamos refletir mais sobre o impacto dessa indiferença em nossa autoestima, saúde física e bem-estar. Nesses casos, entender nossos limites emocionais e o que estamos dispostos a tolerar é fundamental para preservar nossa saúde emocional. E na maioria das vezes, é necessário recalcular a rota e buscar relações em que exista um desejo mútuo de compreensão e respeito. Lembra do início do livro? Sim, nesses casos é bom sentar um pouco, pegar a bússola, o mapa e entender em que terreno está.

Já vimos até aqui que nós mulheres realmente enfrentamos uma série de desafios internos que nem sempre são visíveis, mas que podem influenciar profundamente nossas escolhas e reações. Conversamos sobre alguns desses desafios e observamos que eles vão além das situações externas e que, frequentemente, estão ligados a medos enraizados que carregamos desde cedo.

Entre esses medos, o de rejeição e abandono desponta como um dos mais comuns e mais difíceis de lidar, porque ativa em nós emoções e comportamentos que nem percebermos. E estas reações, algumas vezes agressivas, podem prejudicar a conexão genuína com quem nos ama e estamos dispostas a amar.

Como esse medo interfere em nossos relacionamentos e, mais importante, como podemos reconhecê-lo e transformá-lo em algo que nos fortaleça em vez de nos aprisionar?

Esta é outra reflexão bastante importante para transformarmos a nossa experiência, dentro dos relacionamentos amorosos, em uma aventura de amadurecimento e autoconhecimento; possibilitando até conexões bem mais leves e saudáveis.

MEDO DA REJEIÇÃO E ABANDONO NOS RELACIONAMENTOS AMOROSOS

Vejo na clínica e mentorias, os impactos que este medo causa em muitas mulheres. O medo de rejeição e abandono é uma das emoções mais intensas que podem emergir em relacionamentos amorosos, afetando profundamente a maneira como agimos, amamos e nos deixamos ser amados. Esse receio de perder o outro ou de não ser suficientemente importante para alguém pode vir de uma ferida emocional antiga, um esquema de rejeição que ativa sentimentos de desvalorização e medo de não ser digna de amor.

Quando essa voz interna, muitas vezes sutil, mas carregada de poder, começa a soar, a ansiedade ganha espaço, e a dúvida sobre nosso próprio valor se torna constante. Para muitas mulheres, essa luta é silenciosa e solitária; mascarada por comportamentos que buscam, de alguma forma, evitar a dor do abandono, mas que frequentemente só agravam o sofrimento.

Conheçam Sofia, uma mulher que carrega consigo o peso do medo da rejeição há anos. Ela anseia por relacionamentos significativos, mas o medo de ser rejeitada a mantém em um ciclo de autoisolamento. A cada potencial conexão, o medo a paralisa, fazendo com que ela recue e se esconda atrás de uma muralha de autodefesa.

Sofia nunca teve um relacionamento duradouro ou verdadeiramente feliz. O medo constante de rejeição, com raízes profundas no passado (em uma infância difícil, desprovida de cuidado e afeto), a manteve, por anos, presa em um estado de solidão. No entanto, um dia, ela decidiu que já era hora de enfrentar seu medo.

Ao longo de um processo terapêutico dedicado, Sofia começou a explorar seus pensamentos limitantes e a origem de seu medo. Ela desenvolveu mais autoconfiança, elevou sua autoestima e começou a trabalhar na construção de relacionamentos mais saudáveis.

Com o tempo, Sofia se aventurou a conhecer pessoas e a se permitir ser vulnerável (riscos calculados é claro!). Ela descobriu que, ao abrir seu coração, as rejeições eventuais não eram o fim do mundo. Em vez disso, elas se tornaram oportunidades de aprendizado e crescimento.

Sofia, aos poucos, começou a vivenciar relacionamentos mais autênticos, à medida que superava seu medo da rejeição e abraçava a beleza da conexão humana, apesar do incômodo da vulnerabilidade. Ela aprendeu a lidar com este incômodo e não deixou mais que ele a impedisse que viver a vida.

Atualmente, Sofia sabe que a vida a dois não é sempre tão pacata, mas também sabe que não é preciso viver constantemente cercada de medos. Hoje, mais amadurecida, ela encara os desafios com resiliência, consciente de que poderá lidar com eles, mesmo que lhe pareçam maiores do que realmente são.

É importante saber que quando o esquema de rejeição e abandono é ativado, a angústia cresce, e, para lidar com ela, nós acabamos criando estratégias de enfrentamento que nem sempre nos ajudam a manter relacionamentos saudáveis.

Algumas mulheres podem adotar a postura da "boazinha", buscando sempre agradar, ceder e evitar conflitos a todo custo. E quando isso acontece é porque o medo da rejeição está lá, traduzido em um desejo quase incontrolável de se sentir aceita e validada. Só que, muitas vezes, elas não percebem que para isso, estão sacrificando suas próprias necessidades, sentimentos e opiniões.

"Às vezes, sinto vontade de reclamar, mas e se ele se incomodar e decidir que não quer mais ficar comigo? É melhor eu não falar o que penso... vai que ele acha que estou sendo difícil e decide ir embora.»

A ideia de tentar evitar o conflito e "agradar para não desagradar" pode até parecer eficaz a curto prazo, mas com o tempo a tendência é que esta estratégia esgote rapidamente nossas reservas de energia emocional.

Já vimos o quanto é complicado esse processo de agradar, pois quando deixamos de ser autênticas para sermos aceitas, perdemos a conexão com nós mesmas, o que gera uma sensação de vazio e frustração cada vez maior.

Uma outra forma de lidar com o incômodo do abandono e rejeição, muito utilizada por algumas mulheres é a estratégia de se distanciar emocionalmente, evitando o envolvimento profundo e criando barreiras que afastam até quem realmente poderia nos dar amor.

Existe um medo tão assustador em sermos machucadas emocionalmente ou abandonas que passamos a manter constantemente um pé sempre fora da relação, como se fosse uma estratégia fantástica de autodefesa e autopreservação. Até que poderia ser verdade (uma perfeita solução), o problema é que ao recorremos sempre a este funcionamento nunca, realmente nunca, vamos vivenciar plenamente uma relação autêntica e saudável.

É importante entender que quando evitamos o vínculo, parece que nos protegemos, mas, na realidade, estamos apenas nutrindo a sensação de solidão e desconexão, que também irá alimentar a angustia que já está presente em nosso interior. Esse comportamento, geralmente é apenas uma máscara para o desejo genuíno de ter alguém com quem compartilhar a vida, e, ao resistir ao amor, resistimos ao que realmente buscamos.

Quando se trata de abandono e rejeição, frequentemente nos pegamos buscando respostas sobre como evitar esses temidos finais. O desejo de controlar cada detalhe de uma relação é compreensível, afinal, todas nós queremos proteger nossos corações.

E então você me pergunta: *"Como não ser abandonada ou rejeitada pelo outro?"*. Bem, esta é uma questão que está além do nosso controle. Ela não possui uma resposta exata, pois envolve algo que não temos como controlar: o pensamento, os sentimentos e o comportamento de outra pessoa. Onde podemos intervir é sobre: *"Como não me sentir abandonada ou rejeitada pelo outro?"*. Aqui sim temos uma reflexão bastante proveitosa e importante para autoestima.

A verdade é que por mais que haja esforços para cultivar o melhor de nós e nutrir as relações com carinho e respeito, não há como garantir que alguém nunca nos deixará. Buscar essa segurança absoluta é o que, muitas vezes, nos leva a um estado de alerta constante, de extrema vigilância, onde qualquer sinal é interpretado como ameaça, e cada momento de silêncio vira dúvida.

Ai, ai... eu sei que foi uma verdade dolorida de ouvir. Entretanto, saiba que é possível encontrar alguém e compartilhar de uma vida juntos até o fim dos dias. A mensagem aqui é sobre não ficarmos tentando controlar as coisas, principalmente aquelas que não temos controle algum. Quem realmente estiver disposto a permanecer, ficará ao seu lado. Ele vai sempre buscar formas de ficar com você e estar com você. E esta decisão partirá dele. Você só irá aproveitar o momento e a companhia.

Quando entramos por este caminho de expectativa e medo, acabamos desgastando a relação e, pior ainda, nos desgastamos por dentro. Nossa energia acaba sendo consumida ao tentar manter algo sobre o qual nunca teremos total domínio.

O que fazer então? Ao invés de tentar controlar o incontrolável, é importante olharmos para dentro e fortalecer o que está ao nosso alcance: nosso senso de autoestima e de valor.

✓ Escolher não se perder nas atitudes ou mudanças de humor do outro é o primeiro passo para essa liberdade.

✓ Cultivar a habilidade de identificar sinais de desinteresse ou descompromisso cedo, também nos ajuda a tomar decisões mais conscientes e a sair de relações onde já nos sentimos ameaçadas pelo abandono iminente. Isso não quer dizer que nos tornamos insensíveis, mas sim que aprendemos a distinguir o nosso valor de como o outro nos vê ou trata.

A verdadeira proteção contra o abandono e a rejeição começa na maneira como tratamos a nós mesmas. Ao desenvolvermos estratégias de enfrentamento mais adequadas e saudáveis para lidar com este incômodo (interno) de sermos "abandonadas", decidimos também cuidar da nossa autoestima e construir um interior resiliente. Passamos a não deixar que qualquer comportamento alheio destrua nossa paz, aprendendo que o nosso valor não depende do amor ou da permanência do outro em nossas vidas.

Meninas, isso nos dá liberdade! E essa liberdade permite que nos entreguemos aos relacionamentos de forma genuína, sem o peso da expectativa ou do medo constante, mas com a leveza de <u>quem sabe que sempre será suficiente (para si mesma) com ou sem alguém ao seu lado.</u>

Afinal, como seria se permitíssemos que o outro nos conhecesse de verdade, com nossas qualidades e imperfeições? Se começássemos a acreditar que merecemos ser amadas não por agradar ou manter uma barreira de proteção, mas por sermos exatamente quem somos? Refletir sobre esses padrões de funcionamento é um passo essencial para essa libertação. Identificar que estamos repetindo uma postura de agradar ou afastar pode ser desconfortável, mas perceba que essa tomada de consciência abre espaço para escolhas mais saudáveis e autênticas.

Encarar esse processo de vulnerabilidade nos ajuda a entender que o amor genuíno não exige perfeição, mas sim conexão e honestidade. E a principal mensagem é que ao cultivarmos uma relação mais segura conosco, construímos um alicerce para relacionamentos mais saudáveis com os outros.

23

ALÉM DA DEPENDÊNCIA – O PODER DA AUTOSSUFICIÊNCIA EMOCIONAL

Capítulo 23

E ainda sobre vulnerabilidade, cá estamos nós falando dessa tal "dependência".

A entrega é essencial no amor, mas há uma linha tênue entre entrega e anulação de si mesma. Muitos relacionamentos geram uma espécie de dependência emocional e a necessidade constante de aprovação do parceiro. Essa situação, em vez de trazer a segurança e a estabilidade que esperamos, acaba criando uma dinâmica desgastante.

Se acreditarmos que dependemos do outro para nos sentirmos completas, como nos reconectamos com o que somos de verdade? Se prepare para mais uma reflexão sobre ser autêntica...

Para muitas mulheres, a dependência emocional está diretamente ligada ao receio de expressar as próprias necessidades, com medo de desagradar ou parecer "difícil". Ao priorizar o que o outro quer ou precisa, elas acabam ignorando as próprias vontades e, com o tempo, podem perder o sentido de si mesmas. Quantas mulheres têm suas vidas igual aqueles satélites dependentes, girando em torno de outra pessoa, em vez de serem protagonistas de sua própria história? É como se fosse uma renúncia silenciosa de identidade que certamente irá conduzir a um esvaziamento emocional, onde a mulher se sente desvalorizada e desorientada em relação ao que realmente quer para si.

O fato é que precisamos desenvolver a autossuficiência emocional. Sim, é um processo longo, mas ele libera o relacionamento amoroso de expectativas pesadas e devolve, a cada um dos componentes da relação, a responsabilidade pelo próprio bem-estar. Observe como desta forma, o relacionamento se torna uma fonte de troca genuína, um lugar onde o amor próprio e o amor compartilhado convivem e se fortalecem mutuamente. Fácil? Não... não é mesmo fácil. Possível? Sim. E posso dizer que vale a pena a tentativa.

Querida leitora, quando reconhecemos nosso verdadeiro valor e cuidamos das nossas necessidades, desenvolvemos um senso de segurança interior que nos fortalece para enfrentar as dificuldades naturais dos relacionamentos, sem temer o abandono ou a rejeição. E quando buscamos a aprovação, a segurança ou a validação exclusivamente através do outro, estamos colocando em suas mãos o controle de nossa paz e satisfação. Assim se constrói um ciclo de insegurança e insatisfação, pois dependemos de algo externo e inconstante. Lembre-se que o poder de validar a si mesma está em você!

A verdade é que nenhuma pessoa, por mais amorosa e presente que seja, consegue preencher completamente os vazios internos que todos carregamos. Ou seja, mesmo que seu parceiro seja uma pessoa adorável e amorosa, existirão "buracos emocionais" nos seu interior que somente você poderá preencher. Por isso, é essencial olhar para dentro e reconhecer as próprias necessidades emocionais e entender que uma das bases de qualquer relacionamento saudável é a capacidade de se sentir completo, mesmo quando sozinho.

> *O principal relacionamento que precisa ser cuidado e resolvido é o que você tem com você mesma!*

Autossuficiência não significa isolamento ou frieza, mas a capacidade de manter o equilíbrio emocional sem a necessidade constante da aprovação ou atenção de outra pessoa. É saber que você pode construir uma vida rica e plena sem que dependa de estar com alguém ao seu lado, apenas se fortalecendo a partir de um relacionamento saudável consigo mesma.

Quando desenvolvemos essa habilidade (autossuficiência), criamos uma fundação sólida, e qualquer relacionamento passa a ser uma escolha livre e consciente, sem o peso de uma necessidade desesperada. Acredite, isso realmente nos permite estabelecer conexões mais genuínas e gratificantes, em que o outro é alguém para compartilharmos a vida, e não transformamos ele em uma muleta emocional.

Claro que essa prática de autossuficiência requer tempo e autoconhecimento. E sim, isso também significa que vamos ter que aprender a cuidar das nossas próprias necessidades emocionais de forma gentil e paciente.

Quando nos sentimos preenchidas e seguras internamente, as relações passam a ser menos sobre a busca por "alguém que nos complete" e mais sobre compartilhar a vida com alguém que respeite, ame e valorize essa nossa força interior. Alguém que agregue valor ao relacionamento e as nossas vidas, nos afastando de quem não oferece apoio e diminui nosso valor.

Nesse processo de autocompaixão e autorreflexão, não precisamos mais que o outro nos valide; ao contrário, entendemos que somos dignas de amor e respeito, e que **estar em um relacionamento é uma escolha e não uma condição para sermos completas**. É essa segurança que, no final das contas, nos permite estar em paz com nossa vulnerabilidade e construir relações que alimentam, e não ameaçam, nossa essência.

É importante lembrar que essa independência emocional não significa afastar-se das pessoas, mas sim estar inteira para as relações, com clareza de quem se é e do que se deseja. Esta atitude e postura irá lhe permitir vivenciar relacionamentos mais equilibrados e verdadeiros, onde você poderá se sentir amada pelo que realmente você é.

RECONSTRUINDO A IDENTIDADE APÓS O DIVÓRCIO OU SEPARAÇÃO

O divórcio ou uma separação, seja no casamento ou mesmo em longos namoros, para muitas pessoas é uma experiência avassaladora. Não é apenas a perda da relação e do parceiro que dói, mas também porque esta experiência muitas vezes mexe com a própria identidade e os projetos de vida que haviam sido construídos em conjunto.

Para que possamos compreender melhor como lidar emocionalmente com essa parte (separação e divórcio), precisamos antes entender um aspecto essencial durante o tempo de construção do relacionamento. <u>A importância de aprender a vivenciar uma relação com outra pessoa, sem deixar de lado a própria individualidade.</u>

O desconforto da separação é alimentado pela sensação de já não saber mais quem somos sem o outro. Só quando acontece o rompimento é que se percebe o quanto, ao longo do relacionamento, parte de nossa identidade se misturou com a do parceiro. Aos poucos fomos nos adaptando para caber na vida a dois, muitas vezes sufocando a nossa essência.

Mais uma vez é necessário voltar a falar que quando nos moldamos ou vivemos em função de alguém, perdemos o contato com nossas próprias necessidades, interesses e valores. Mesmo que inconscientemente, esse processo pode nos conduzir à estrada da dependência emocional. E quando isso acontece, a separação se torna ainda mais dolorosa e desorientadora.

E como podemos passar por tudo isso de forma mais leve?

Bem, leve...leeeeeeve mesmo são poucas que realmente conseguem, afinal somos humanas e vamos sim sentir emoções confusas e controversas durante o processo. Mas podemos sim, deixar menos pesado esse momento, nos concentrando em estratégias que consigam nos colocar em pé e nos manter mais estáveis, apesar do baque inicial.

1. Encarar o luto da separação:

A separação, ainda que seja uma decisão mútua ou desejada, envolve o luto de uma vida compartilhada. Permitir-se sentir a dor e a tristeza desse rompimento é um passo importante para a cura. Negar essas emoções pode postergar o processo de superação e ainda criar ressentimentos. <u>Sugestões:</u> técnicas como o *Diário das Emoções*, onde você escreve sobre os próprios sentimentos, ajudam a liberar a dor e a compreendê-los melhor. Praticar a autocompaixão nesse momento é essencial, reconhecendo que é natural sentir tristeza e frustração, mas sem julgar a si mesma por esses sentimentos. Tente não ser tão dura com si mesma.

2. Redefinir a identidade e o futuro pessoal:

Em muitos relacionamentos, as mulheres acabam se adaptando aos objetivos e interesses do parceiro, deixando de lado partes de si mesmas. Após uma separação, é comum enfrentar o desafio de se reconectar com essas partes esquecidas e até redefinir o que desejam para o futuro. <u>Sugestões:</u> explore novos *hobbies*, resgate paixões e objetivos que talvez tenham sido deixados de lado e, quem sabe, até planejar uma nova carreira ou projeto pessoal. Faça listas de metas e planeje pequenos passos em direção a elas; isso ajudará você a reconstruir essa visão do futuro com uma base sólida.

3. Superar o medo da solidão:

A sensação de vazio pode ser um dos maiores desafios após uma separação. Há um medo de não encontrar alguém para compartilhar a vida, mas esquecemos que esse é também um convite para fortalecer a autossuficiência emocional. <u>Sugestões:</u> desenvolva essa independência, começando com pequenos passos, como por exemplo, aprender a aproveitar a própria companhia, fazendo coisas prazerosas por conta própria e até se permitir abrir espaço para novas amizades. A ideia é que você aprenda a se sentir inteira consigo mesma, principalmente, antes de pensar em abrir o coração novamente.

4. Estabelecer novos limites e redefinir a confiança:

Em um novo relacionamento, será fundamental desenvolver o equilíbrio entre crescer junto com o parceiro e manter a individualidade. É possível viver uma relação saudável em que cada um seja incentivado a manter suas paixões e projetos pessoais, e essa separação pode servir como um aprendizado para relações futuras. <u>Sugestões:</u> trabalhe a confiança em si mesma e tenha coragem para definir limites claros sobre o que se espera em uma nova relação. Este é um aspecto transformador da reconstrução emocional.

5. Um novo recomeço requer mudanças de hábitos:

Você não pode esperar recomeçar um novo relacionamento fazendo as mesmas coisas, frequentando os mesmos lugares (restaurantes e lazeres), viagens, e mantendo todas as amizades anteriores. Quando um casal se separa, inegavelmente alguns "amigos" acabam tomando partido de um dos lados, e uma nova realidade se configura. Tudo acaba sofrendo modificações e, algumas vezes, precisa ser inovado a partir desse momento. Quaisquer rotinas que rememorem os caminhos trilhados com o "ex", provavelmente, só servirão para acalentar algum tipo de transtorno, trazendo o passado para o presente. <u>Sugestões:</u> liberte-se do relacionamento que já não existe mais e tente se concentrar nesta nova relação que começa agora. É necessário habituar-se a novas rotinas, passeios, formas de se divertir. Enfim, um novo livro está sendo escrito e não devem haver capítulos repetidos, pois pode representar retrocesso. Claro, isso não quer dizer que você não poderá nunca mais ir à lugares que sempre foi; a ideia aqui é você perceber que até mesmo esses lugares, precisarão passar por uma "reforma emocional" em sua mente. Eles serão apenas lugares bons para ir e não mais "memórias afetivas de um passado extinto". É uma nova vida para ser apreciada e curtida em seu ineditismo. Só assim, os corações podem se curar.

6. Buscar rede de apoio e investir no autocuidado:

Rodear-se de uma rede de apoio emocional (seja família, amigas ou grupos de suporte), ajuda a evitar a sensação de isolamento. Essas pessoas lembram que não estamos sozinhas e que nossa dor é compreendida. <u>Sugestões:</u> invista em autocuidado, seja por meio de práticas como meditação, exercícios físicos ou momentos de lazer. Cuidar de você é fundamental para restaurar a energia emocional. Criar um espaço de fortalecimento interno dá suporte para lidar com as oscilações emocionais dessa fase.

Todo o término, não representa apenas o fim de uma relação, mas também a perda de uma parte de nós que, por tanto tempo, se definiu pelo outro (mesmo que seja uma saudável parcela pequena).

Precisamos compreender que superar a dor de um término é um processo e não acontece da noite para o dia. Porém observe o quanto esse momento pode ser a oportunidade para você redescobrir quem você é (fora do relacionamento). Reconstruir-se a partir desse vazio é desafiador, mas é também uma oportunidade de redescobrir quem somos, como um reencontro com as paixões e aspirações que deixamos adormecidas.

Os desafios nos relacionamentos amorosos podem, à primeira vista, parecer clichês, conflitos de personalidade, crises de comunicação, e o medo da rejeição ou do abandono. No entanto, essas questões comuns refletem a essência da vida a dois e o caminho para relações mais maduras e leves.

Por mais que idealizemos um amor constante e sem altos e baixos, a realidade das relações envolve enfrentamentos, aprendizado e muita adaptação. Casar ou conviver com alguém pode, sim, ser maravilhoso, trazendo cumplicidade e alegrias inestimáveis. Acredite é real. Muitas pessoas conseguem, então é possível sim. Mas, para que isso aconteça, é essencial abrir mão da ideia de "perfeição fabricada" e aceitar que relacionar-se é, em grande parte, também lidar com momentos desafiadores. Ou seja, saber administrar e desenvolver soluções juntos.

Manter uma visão realista dos relacionamentos, sabendo que o "mar calmo" nem sempre será uma constante, é o primeiro passo para construir algo sólido. Em alguns momentos, haverá tempestades, e elas trarão desafios e a necessidade de "reparos", seja nos sentimentos, na comunicação ou na maneira como enxergamos o parceiro e a nós mesmas. Porém o importante é lembrar que, **se ambos estiverem na mesma equipe e dispostos a enfrentar os desafios juntos, os altos e baixos se tornarão fases que fortalecerão o vínculo, ao invés de miná-lo**. É justamente nessas travessias, com as ferramentas adequadas, que surgem as maiores aprendizagens e a cumplicidade verdadeira. É aqui que o amor se fortalece e finca suas raízes em lugares mais profundos. É onde a profundidade da relação acontece.

Assim como qualquer barco que se aventura no mar, um relacionamento pode precisar de alguns ajustes para continuar propiciando novas aventuras. E esta experiência, apesar de parecer assustadora, talvez seja melhor do que abrir mão do medo de viver a dois. Na verdade, a ideia é entender que, assim **como em qualquer outra área da vida, o amor também exige coragem, adaptação e autoconhecimento**. Com esse olhar maduro e comprometido, conseguimos não apenas viver ao lado de alguém, mas construir uma relação que, apesar das imperfeições, torna a vida muito mais rica e repleta de significado.

24

SOBREVIVENDO À TPM E OUTRAS AVENTURAS HORMONAIS

Capítulo 24

Como falar sobre o universo da mulher, sem mencionar este precioso, confuso e, muitas vezes, conturbado momento divino chamado TPM?

Nós, mulheres, inevitavelmente, convivemos com mudanças hormonais que nos acompanham desde o início da adolescência, passando pela menopausa até o fim dos nossos dias. Quem é mulher entenderá e irá se identificar com esta declaração: o certo é que vivemos uma espécie de montanha-russa biológica e, algumas vezes, suas voltas (*loopings*) nos deixam atordoadas, impacientes e até mais agressivas.

Como pesquisadora das emoções, conheço a teoria, as estratégias que a ciência propõe para lidar com essas variações e o que supostamente "deveríamos" fazer para nos mantermos serenas e equilibradas em meio aos altos e baixos hormonais. Ah, seria lindo só isso ser suficiente para funcionar, não é mesmo? Mas quem aí também já leu alguma coisa sobre isso e não conseguiu colocar em prática? Alguém também levantou a mão?

Bem, sendo mulher, sei que essa teoria, apesar do seu grau de importância, nem sempre se encaixa perfeitamente na realidade do dia a dia. Como eu digo para minhas pacientes, o problema é que a maioria de nós entende o que leu ou ouviu (a teoria), só que quando decidimos colocar em prática, parece que o resto do corpo e da mente estava em Nárnia durante a captação da informação. Não absorvemos o conhecimento, ou melhor não conseguimos incorporar e introjetar de maneira a fazer realmente a diferença em nossas experiências emocionais.

Para muitas mulheres, a TPM chega como um furacão

inesperado e coloca à prova todo o nosso autoconhecimento e força interior, exigindo uma dose extra de empatia, humor e, claro, paciência.

Paciência.... ô palavrinha difícil nestes dias, não é verdade?

É inegável que, nesse período, algo quase sobrenatural parece tomar conta de nós. Essa entidade que invade corpo e mente, transforma o cenário interno em um verdadeiro furacão. Com as emoções a flor da pele e o equilíbrio emocional fugindo pelas beiradas, até a menor contrariedade se torna uma tempestade.

Vamos vivendo esses dias tentando não surtar. Observe como é comum surgirem reações que, em dias de calmaria, talvez nem passassem pelo radar. E o problema se torna maior. Quando essa "visitante" finalmente se despede, a gente se vê ali, no olho do furacão que ela deixou; diante de conversas ditas em tom mais alto, decisões impulsivas e pequenas tempestades que, sem dúvida, preferiríamos não ter causado.

A verdade é que, muitos homens não conseguem entender o quanto é aterrador a efervescência hormonal da TPM. E não é difícil compreender que, algumas vezes, não nos tornamos uma boa companhia nestes dias. Aliás, há quem diga: *"não estou sendo boa companhia nem para mim mesma... quanto mais...."*.

> *"A verdadeira maturidade é saber que você pode sentir profundamente sem precisar reagir impulsivamente."*
> **Daniel Goleman**

Biologicamente falando, os hormônios desempenham papéis essenciais em várias fases da nossa vida. Desde a menarca (primeira menstruação), passando pelos ciclos menstruais, até a menopausa, cada etapa é marcada por flutuações hormonais que influenciam não apenas nosso corpo, mas também nossas emoções e pensamentos. Essas mudanças naturais nos afetam em diferentes aspectos e, por mais que saibamos que são cíclicas e passageiras, isso nem sempre facilita as coisas.

Quem nunca passou por um momento de TPM em que tudo parecia desabar? Onde um filme triste vira um drama pessoal e até as pequenas irritações se transformam nas benditas tempestades? Vemos chuvas e trovões, onde as outras pessoas estão contemplando um céu limpo e claro.

A TPM certamente é um verdadeiro festival de emoções intensas. Sabemos que algumas mulheres nada sentem neste período. São felizes por passar por esta fase sem tantas subidas e descidas emocionais. Porém a grande maioria padece com sintomas de irritabilidade, sensibilidade exacerbada, alterações bruscas de humor e cansaço. E estes ingredientes, quando colocados juntos, acabam interferindo em nossa capacidade de comunicação, distorcendo tudo, afetando consideravelmente os relacionamentos ao nosso redor.

Às vezes, a sensação se assemelha a ideia de que estamos usando uma lente de aumento para enxergar o mundo. O impacto pode ser evidente nas funções que exercemos no dia a dia: tarefas que antes resolvíamos com leveza se tornam pesadas, e situações que normalmente enfrentaríamos com calma, passam a exigir um esforço maior. No autocuidado, a vontade de se recolher, respeitando essas sensações, entra em conflito com as obrigações e conciliar esses estados se torna um verdadeiro exercício de paciência.

A boa notícia é que, embora esses desafios sejam intensos, existem maneiras de lidar com tudo isso, mesmo que nem sempre seja tão fácil. Praticar o autocuidado com mais compaixão, valorizar as pausas e conhecer nossos próprios limites são alguns passos que nos ajudam a aliviar o peso desse período.

É necessário perceber que podemos atravessar as tempestades hormonais com estratégias que nos ajudem a manter o equilíbrio. Por isso é tão importante nos conhecermos internamente, saber como funcionamos e como podemos regular nosso aparelho emocional, principalmente nestes períodos tão repletos de confusas emoções.

De alguma forma, com empenho e uma dose de humor (e quem sabe, um pequeno estoque de chocolates), conseguimos nos fortalecer para não sermos arrastadas pela maré, mas para aprendermos a flutuar junto a ela.

E para navegar melhor por esse período, vale a pena identificar os gatilhos emocionais que nos levam ao limite. Tentar observar os momentos e situações que mais ativam todas essas intensas reações. Às vezes, são coisas tão pequenas, como um simples comentário, uma situação estressante ou até uma sensação interna de desconforto, sem nem saber o porquê.

Saiba que identificar esses gatilhos nos permite desenvolver um tipo de radar emocional, que nos ajuda a antecipar e gerenciar melhor nossas ações e reações.

Outras formas de passar por este período é utilizar-se de técnicas de relaxamento como respiração profunda, meditação e até alguns minutos de silêncio. Para quem não consegue ficar "meditando", tente fazer alguma coisa mais leve sozinha, como tomar uma xícara de chá observando a natureza ou deitar em uma rede e se deixar relaxar. Até mesmo, um banho mais demorado, com diversas reflexões pode ajudar muito. Ficar um pouco só, observando seus pensamentos e suas necessidades pode ser um ato generoso de autocuidado.

É fundamental descobrirmos as melhores estratégias para cada uma de nós. Pequenos momentos de pausa podem funcionar como âncoras em meio à tempestade, trazendo de volta uma sensação de controle e calma. E não podemos esquecer o poder dos alimentos: priorizar opções ricas em magnésio e vitaminas, como abacate, amêndoas e vegetais verdes, pode ajudar a equilibrar o humor, enquanto evitar alimentos ultraprocessados diminui o risco de picos emocionais. Se sentir que precisa de uma ajuda mais especializada, procure seu médico e converse sobre os sintomas e demais situações deste período.

E claro, a prática de exercícios físicos e a busca por suporte psicológico, quando necessário, são também recursos importantes. Atividades físicas liberam endorfina, o hormônio do bem-estar, aliviando o estresse e trazendo uma sensação de leveza. E, em momentos mais intensos, a terapia pode servir de meio para que você aprenda a se autorregular, diminuindo os impactos da desta fase em sua vida.

No final das contas, a TPM é uma travessia peculiar e desafiadora, mas também uma oportunidade para conhecermos melhor nossas emoções e fortalecer nossa resiliência. A cada ciclo, somos lembradas de que, mesmo com os altos e baixos, conseguimos passar por tudo isso e emergir do outro lado, algumas vezes mais fortes e autênticas.

Sim, querida leitora, vamos sobreviver, como sempre fazemos. Se permita aprender a enfrentar a tempestade hormonal com autocompaixão e, quem sabe, com o humor menos danificado. Fácil? Também não é. Mas é verdadeiramente possível.

Este é o equilíbrio que tanto buscamos, sabendo que, ao fim de cada fase, teremos em nós a capacidade de continuar e, por mais clichê que pareça, a certeza de que, como mulheres, somos detentoras de um poder interno considerável e completas em nossa complexidade.

MENOPAUSA – UM RECOMEÇO EMOCIONAL

Ainda falando sobre os nossos ciclos, nós mulheres convivemos com verdadeiros desafios emocionais e em cada uma dessas fases, o corpo e a mente respondem de maneira própria, exigindo não apenas paciência, mas também uma dose de autoconhecimento e gentileza com si mesma.

Na TPM passamos a conviver com aquele "furacão" de sentimentos e impulsos, e quando se inicia a menopausa somos convidas a lidar com uma nova onda de mudanças. Algumas transformações serão duradouras e certamente irão mudar a forma como enxergamos a nós mesmas e ao nosso corpo.

Essas fases, tão diferentes (e às vezes semelhantes) entre si, na verdade revelam a complexidade e a resiliência da nossa jornada feminina, entre constantes redescobertas em meio ao nosso crescimento. Em cada uma delas, nós podemos aprender a encontrar, mesmo dentro do caos, o fio de equilíbrio emocional que irá nos conduzir a uma vivência mais leve e consciente.

A menopausa carrega o peso da ideia de um "fim": o fim do ciclo reprodutivo, da juventude, ou até de uma versão de si mesma. Certamente não podemos dizer que não é o fim de um ciclo, mas talvez seja hora de transformar essa perspectiva e enxergar a menopausa também como um início, um recomeço emocional e um convite à liberdade.

Ainda que a menopausa seja, muitas vezes, estigmatizada, com as devidas estratégias ela pode ser vivida como uma fase de renascimento. É preciso nos lembrar que o fim de um ciclo, geralmente é indício claro de que um novo ciclo está começando. Na maioria das vezes, é um ciclo muito mais amadurecido.

É claro que estamos falando sobre um momento na vida das

mulheres que é marcado por desafios hormonais e emocionais que, assim como na fase da TPM, merecem ser acolhidos. Já **sabemos o quanto as mudanças hormonais inevitavelmente afetam o humor, a energia, e a forma como a mulher vê a si mesma, e o quanto isso pode gerar conflitos internos**. As alterações de sono, diferentes episódios de irritabilidade, as ondas de calor que chegam sem aviso, se transformam nos novos "visitantes" dessa fase, que irão requerer, além de paciência, uma boa dose de autocompaixão.

As flutuações emocionais e físicas que surgem, geralmente impactam profundamente nosso desempenho profissional. Essas mudanças podem, em certos momentos, afetar nossa produtividade e concentração. Por isso, nesse período também é importante tomar decisões informadas e personalizadas, em parceria com médicos especialistas. Um cuidado que irá fazer toda a diferença. Ter orientação profissional com intervenções ajustadas às suas necessidades, vai permitir que você atravesse a menopausa de forma mais saudável e segura.

O impacto na autoimagem é, novamente, uma das áreas mais sensíveis desta época. As mudanças no corpo, como ganho de peso, perda de massa muscular e alterações na pele, nos exigem uma adaptação ao novo reflexo no espelho. Vamos mudar, sim, vamos mudar. Porém, essas mudanças podem ser vividas de forma mais positiva e saudável quando investimos em cuidados na saúde desde cedo. Quando buscamos encontrar formas de nutrir o corpo e a mente para suprir o que nosso organismo passa a produzir em menor quantidade. Ou seja, é possível conduzir a transformação de maneira mais leve, aceitando cada novo ciclo como uma oportunidade de renovação e equilíbrio, principalmente diante de uma fase que definitivamente teremos que passar.

Novamente estamos envolvidas no processo de aceitação. Aquela aceitação (não passiva) que tanto conversamos nos primeiros capítulos deste livro. E é através dele que algumas mulheres passam pelo processo de redescobrir a beleza além das expectativas estéticas, buscando novas maneiras de apreciar o corpo em sua funcionalidade e sabedoria. Embora essas transformações possam afetar a autoestima, elas conseguem encontrar nesse período uma oportunidade de despertar a própria autenticidade, valorizando o que o corpo e a mente lhe oferecem.

Essa fase certamente irá nos solicitar um tipo diferente de amadurecimento. Por exemplo, existe a oportunidade de <u>refletir sobre a vida com uma perspectiva mais livre de expectativas externas: sobre como viver e como se ver, redescobrindo o que realmente importa</u>. Quando amadurecemos, vamos deixando de lado o que não é tão importante e começamos a dar prioridade às nossas necessidades. Alcançamos um nível de percepção onde coisas que antes nos afetavam, já não nos alcançam mais. Este é um dos poderes que conquistamos quando desenvolvemos a **autossuficiência emocional**. Descobrimos que o conta mais são as próprias aspirações, agora mais apuradas com o tempo.

"Nem todo desconforto é problema meu resolver. Algumas questões são apenas reflexo do que o outro precisa lidar. Posso ouvir a opinião dos outros, mas só vou levar comigo o que faz sentido para mim."

Perceba que essa também pode ser uma fase de reconexão com a própria essência, um tempo de redescoberta das paixões, valores e objetivos. Alguns que ficaram no passado, perdidos entre as diversas atribuições e desvios de caminho.

E o que mais podemos fazer por nós mesmas neste período? Aprender a administrar nossos limites, nos permitindo momentos de descanso e atividades que promovam nosso bem-estar. Meditação ou caminhadas ao ar livre, podem ser uma forma interessante de restaurar a energia e manter a performance sem negligenciar o próprio corpo. Pequenas práticas diárias, como atividade física leve, tomar sol por alguns minutos, atenção ao sono, e, se necessário, o suporte de um terapeuta, também são recursos que ajudam a navegar por essa fase com mais leveza.

Bem, podemos fazer dessa fase um verdadeiro vendaval onde nos debatemos contra as mudanças inevitáveis que a menopausa traz, ou podemos optar por nos aliar a ela. Uma parceria para buscarmos maneiras mais leves e tranquilas de lidar com os desafios que essa fase representa, promovendo não apenas um maior bem-estar físico, mas também emocional.

E então, vamos nos permitir viver essa etapa da vida com mais aceitação, sabedoria e serenidade? Com todas as suas nuances, a menopausa pode se transformar em uma travessia de descobertas que vão além dos limites do físico, podendo nos revelar uma nova liberdade emocional.

Quando conseguimos mudar nossa forma de ver essa fase da vida, desenvolvemos uma certeza única: <u>de que ela pode se tornar um passo adiante, e não mais um passo atrás, na vida de uma mulher.</u>

Lembrando ainda, que tudo o que mencionamos neste capítulo pode variar de mulher para mulher. De qualquer modo, se valeu para você, certamente coloque em prática, pois pode fazer uma grande diferença.

25

REASSUMINDO A DIREÇÃO DA SUA VIDA

Capítulo 25

Gostaria de fazer um convite a você para um mergulho ainda mais profundo, nesta etapa em direção à sua essência.

Primeiro é importante lembrar que, nessa viagem, todo caminho que percorremos tem suas variações de paisagem: há trechos de beleza exuberante, outros mais desafiadores e até alguns que parecem sem vida. Entretanto, ao olharmos o trajeto completo, percebemos que cada trecho, com suas flores, pedras, subidas e descidas, compõe uma experiência rica e profunda, que vale cada passo. E assim é o processo de retomar o controle da própria vida: <u>um caminho de retorno ao que sempre foi seu</u>, mas que talvez esteja encoberto pelas demandas diárias, expectativas alheias e mudanças inevitáveis da vida.

Quero trazer aqui uma reflexão sobre o que realmente importa para você, o que falta para você se reconectar consigo mesma e retomar as rédeas da sua vida com firmeza e confiança.

Sabemos que não existe um mapa perfeito, para cada uma de nós haverá uma maneira ou ponto único que será acionado, nos movendo em direção a quem verdadeiramente somos nós. A ideia é trazer algumas atividades práticas que podem ajudar a iluminar seu caminho e fortalecer sua identidade.

Cada sugestão e exercício foi pensado para ajudá-la a explorar, com suavidade e profundidade, os aspectos que constroem e sustentam sua autenticidade.

Imagine que cada prática seja como uma parada estratégica, um momento para você respirar e olhar o seu horizonte com mais clareza. Sinta-se à vontade para fazer agora ou, se preferir, leia os tópicos e depois, calmamente, tente responder o mais verdadeiramente próximo daquilo que você sente.

1. Quais são seus valores e propósito?

Tomar controle da própria vida começa com o entendimento do que mais importa para você. Os valores e o propósito funcionam como uma bússola para suas ações, ajudando a dizer "sim" ou "não" de acordo com o que ressoa com sua essência.

<table>
<tr><td align="center">ATIVIDADE</td></tr>
<tr><td>Liste três valores que considera essenciais e anote um exemplo de como viver cada um deles em sua vida diária.</td></tr>
<tr><td>1.</td></tr>
<tr><td>2.</td></tr>
<tr><td>3.</td></tr>
</table>

REFLEXÃO:

Quais são as áreas da minha vida que se afastam desses valores, e como posso aproximá-las mais deles?

2. Autonomia emocional

Quando você sabe se regular emocionalmente, se torna menos vulnerável às opiniões dos outros e mais conectada ao seu próprio julgamento. Desenvolver uma independência emocional é fundamental para evitar a necessidade constante de validação externa.

<table>
<tr><td align="center">ATIVIDADE</td></tr>
<tr><td>Sempre que se sentir desconfortável com algo, pare e identifique a fonte dessa sensação. Pergunte-se se essa emoção vem de uma necessidade de aprovação externa ou de uma necessidade interna autêntica.</td></tr>
</table>

REFLEXÃO:

Como posso transformar meu diálogo interno para apoiar meu próprio bem-estar emocional?

3. Desapego de expectativas externas

A pressão para atender às expectativas alheias pode aprisionar. Desapegar-se disso significa libertar-se de julgamentos e viver mais genuinamente.

<table>
<tr><td align="center">ATIVIDADE</td></tr>
<tr><td>Faça uma lista das expectativas que sente sobre você e pergunte-se se elas realmente vêm de você ou foram adotadas de outras fontes.</td></tr>
</table>

REFLEXÃO:

O que quero e preciso para me sentir realizada, independentemente das opiniões dos outros?

4. Fortalecimento da autoconfiança e autoeficácia

Cultivar a confiança é como construir uma fundação sólida. Quando se sente capaz, você não hesita tanto em enfrentar novos desafios.

ATIVIDADE
Liste uma realização de que se orgulha e escreva os passos que deram origem a essa conquista. Sempre que precisar, releia essa lista para relembrar suas próprias capacidades.

REFLEXÃO:

Como posso resgatar a autoconfiança que senti naquela realização e aplicá-la ao meu momento atual?

5. Construção de rotinas de autocuidado

Incluir o autocuidado na sua rotina é mais do que um ato de indulgência; é um compromisso com sua saúde e bem-estar.

<table>
<tr><td align="center">ATIVIDADE</td></tr>
<tr><td>Escolha um hábito de autocuidado que possa fazer diariamente e o incorpore na sua rotina nas próximas duas semanas, como uma caminhada, meditação ou um hobby que lhe traga alegria.</td></tr>
</table>

REFLEXÃO:

Estou reservando tempo suficiente para nutrir o meu bem-estar físico e mental?

6. Atenção plena e o poder do agora (*mindfulness*)

Praticar *mindfulness* ajuda a se reconectar com o presente e diminui a ansiedade em relação ao futuro.

<table>
<tr><td align="center">ATIVIDADE</td></tr>
<tr><td>Reserve cinco minutos diários para observar seus pensamentos e respiração. Tente focar apenas no que está acontecendo no momento.</td></tr>
</table>

REFLEXÃO:

Estou realmente vivendo o presente, ou minha mente está presa no passado ou no futuro?

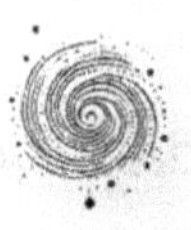

7. Inteligência emocional no cotidiano

A inteligência emocional permite entender e gerenciar melhor as próprias emoções e facilita a compreensão do outro.

ATIVIDADE
Escolha uma situação desafiadora e reflita sobre como suas emoções influenciaram sua reação. Pense em uma alternativa mais equilibrada para futuras ocasiões semelhantes.

REFLEXÃO:

De que maneira posso reagir com mais inteligência emocional e compaixão em situações estressantes?

8. Transformação do diálogo interno

Pratique um diálogo interno mais acolhedor e positivo, transformando pensamentos autocríticos em palavras de apoio.

ATIVIDADE

Sempre que perceber um pensamento autocrítico, substitua-o por uma afirmação positiva sobre si mesma.

REFLEXÃO:

Como posso me tornar minha própria maior
incentivadora e amiga?

9. Redescobrindo o prazer e a alegria na vida

Resgatar *hobbies* e pequenos prazeres ajuda a restaurar a alegria no cotidiano, promovendo uma vida mais plena e divertida.

ATIVIDADE

Liste **cinco atividades que lhe trazem prazer**. Escolha uma e comprometa-se a realizá-la ao menos uma vez na semana.

1.

<table>
<tr><td>2.</td></tr>
<tr><td>3.</td></tr>
<tr><td>4.</td></tr>
<tr><td>5.</td></tr>
</table>

REFLEXÃO:

Quanto tempo estou dedicando a atividades que realmente me fazem bem?

10. Planejamento consciente e focado no futuro

Um planejamento consciente é como um mapa para seu futuro. É importante organizar o tempo e priorizar projetos que ressoem com seu propósito.

ATIVIDADE
Escolha um projeto que está procrastinando e divida-o em três etapas práticas que pode iniciar agora.

REFLEXÃO:

Que projeto eu gostaria de ver concretizado nos próximos seis meses, e quais passos pequenos posso dar para alcançar isso?

Reassumir o controle da sua vida é um destes processos que exigem paciência, perseverança e disciplina para continuar a caminhada, apesar dos tropeços. Reconectar-se com sua essência não é algo que acontece de um dia para o outro. Por isso, os pequenos passos diários, alinhados com seus valores e desejos, serão a base de uma mudança autêntica e sustentável.

Aos poucos, você perceberá que cada decisão tomada com consciência e cada gesto de autocuidado que você empreende, fortalece essa nova construção de si mesma. Além de trazer você para um ponto onde se sentirá mais fiel ao que você realmente quer e precisa. Essa é uma jornada onde o crescimento ocorre gradualmente, permitindo que você se sinta mais segura e preparada para enfrentar o que vier pela frente.

Querida leitora, saiba que na maioria das vezes a mulher que emerge dessa experiência é ainda mais forte e independente do que um dia fomos. E sabe por quê? Porque aprendemos, durante o caminho, a honrar tanto as nossas fraquezas quanto as nossas forças. Conscientes de que todas são partes de nós mesmas. E que a nossa vulnerabilidade não nos torna menos fortes, apenas nos sinaliza os limites que precisamos cuidar.

26

AUTENTICIDADE – O FINAL E O COMEÇO DE TUDO

Capítulo 26

Ao longo deste livro, tivemos diversas conversas sobre o nosso universo único e complexo, não é mesmo? Algumas foram leves, como se estivéssemos trocando confidências entre mulheres que vivenciam quase a mesma experiência, enquanto outras nos exigiram um mergulho mais profundo, enfrentando o que muitas vezes preferimos evitar.

Falamos sobre altos e baixos, e sobre as várias camadas que nos fazem ser quem somos. Provavelmente alguns pontos podem até ter gerado certo incômodo. Mas saiba que estes "incômodos" fazem também parte das conversas edificantes que precisamos ter.

Conquistar a autenticidade... parece tão simples e ao mesmo tempo tão desafiador. É nela que tudo termina (como está sendo este livro), ou é onde tudo começa (uma vida com mais significado). Em toda a experiência com cada desafio superado, existirá sempre um fio condutor que nos chama a voltar para quem realmente somos: a autenticidade. É através dela que nos conectamos com a nossa essência, com nossos desejos e com a vida que queremos viver. Afinal, por mais que possamos nos ajustar às expectativas dos outros ou aos papéis que assumimos, é a nossa essência que sustenta nossa felicidade e dá profundidade à nossa vida.

É importante frisar que autenticidade é, antes de tudo, um compromisso que assumimos com a verdade interior. Postura que nos coloca, muitas vezes, diante de questionamentos difíceis: *estamos vivendo de acordo com o que realmente acreditamos, ou apenas seguindo o fluxo do que esperam de nós?*

Conseguir ser autêntica nos exigirá coragem para desafiar as expectativas alheias e clareza para discernir o que é verdadeiro e importante para nós. É uma verdadeira viagem de descobertas, onde nos despojamos das máscaras e armaduras e, aos poucos, revelamos as nuances mais bonitas de quem realmente somos.

E mesmo no final do livro, cá estou eu trazendo outra reflexão: *quais partes de você têm sido silenciadas por medo ou conveniência?*

A LIBERDADE DE SER QUEM VOCÊ É

Precisamos parar de buscar uma versão idealizada de nós mesmas e abrir espaço para nos conectarmos com o que é genuíno, aceitando nossa humanidade.

Sabe o que é bastante confortante e até libertador? É que quando nos permitimos ser autênticas, algo significativo acontece: não precisamos mais nos desgastar tentando ser quem não somos. E essa disposição para viver em sintonia com o que nós realmente sentimos e desejamos, reverbera em nosso interior trazendo leveza para as relações, para as decisões e até para os desafios que enfrentamos.

Lembre-se que ser autêntica também significa abraçar suas imperfeições e vulnerabilidades. E por mais difícil que seja, essa é uma das partes mais transformadoras do caminho, pois muitas vezes achamos que só seremos aceitas se formos perfeitas. Mas as falhas, as cicatrizes e até as inseguranças fazem parte de uma história rica, real e completa da qual somos protagonistas.

Uma vida autêntica não é necessariamente a mais fácil, mas é a mais recompensadora, porque ela nos coloca em contato direto com o que dá sentido à nossa existência. E nessa transparência, a vida ganha novo brilho.

Faça um exercício: olhe-se no espelho e se pergunte: *Estou onde queria estar, sendo quem sempre quis ser?* E se a resposta não for um "sim" imediato, não se preocupe. Esse é apenas o ponto de partida para ajustar as velas e navegar em direção ao que faz sentido para você. Se tiver dúvidas, volte ao segundo capítulo deste livro, talvez você tenha apenas pego a estrada errada e muita coisa boa ainda pode acontecer a partir dos ajustes de direção e caminho.

Quando conseguimos viver autenticamente não significa que o trabalho terminou, mas que ele está apenas começando. A cada novo ciclo, vamos precisar revisar, recalibrar e evoluir para uma versão mais plena de nós mesmas. E esse é o poder da autenticidade: recomeçar quantas vezes forem necessárias, sempre voltando ao centro, sempre mais conectadas com nossa essência.

Preparar-se para seguir esse caminho é se permitir experimentar cada pequena parte dessa viagem em si, com suas pausas, surpresas e autodescobertas. A retomada da sua vida começa agora, com pequenos passos e grandes intenções.

E aqui me despeço, dessa nossa gostosa conversa, embalada com o aroma do café e pelas ideias que trocamos ao longo das páginas deste livro. Ele termina aqui, mas sua aventura está apenas começando. E a boa notícia? O próximo livro já está a caminho, pronto para guiar você em novas reflexões e desafios.

E assim, como o universo que Tesla imaginou continua a se expandir (feito de energia, frequência e vibração), nós também vamos em outras "conversas", continuar a explorar as nuances, imensidão e o funcionamento da *Mulher e Seu Universo*.

CAFÉ COM A AUTORA

Se você chegou até aqui, talvez este livro tenha te acompanhado por caminhos delicados, mas, certamente, eles foram necessários para seu crescimento interior. E por isso, quero te convidar para um café como aquele que acontece, depois de uma boa conversa. Quando já tiramos os sapatos e falamos com o coração mais livre.

Então, antes de despedida, gostaria de te deixar algumas pergunta. E não, não precisa responder para mim. Na verdade, ele é mais um Mini Guia Reflexivo sobre o que falamos e alguns insights que você deve ter tido pelo caminho.

- O que este livro me ajudou a enxergar com mais clareza sobre mim?

- Qual parte me incomodou, e o que esse incômodo pode estar tentando me dizer?

- O que estou pronta para deixar para trás?

- Que decisões pequenas posso tomar esta semana para me escolher mais?

- O que quero começar a escrever na minha história daqui pra frente?

Escreva onde quiser: nas páginas, num caderno, no bloco de notas do celular. Mas escreva. Dar nome ao que sentimos é uma forma de nos libertar.

E se algo tocou seu coração de um jeito especial, e você quiser compartilhar comigo (talvez uma frase, uma reflexão, uma lágrima boa, uma risada solta), eu adoraria saber. Você pode me escrever e dividir um pedacinho da sua experiência com este livro.

Envie sua mensagem ou depoimento para:
contato@deborasabongi.com.br
ou deixe uma mensagem no direct do Instagram:
deborasabongi.psi

Com carinho,

Débora Sabongi

SOBRE A AUTORA

Como terapeuta experiente, com anos de dedicação à prática clínica e ao entendimento da complexidade da mente humana, a autora traz uma riqueza de conhecimento para este livro.

Débora Sabongi é escritora, palestrante, terapeuta, psicóloga, com uma abordagem que lança luz sobre os padrões de pensamento e comportamentos que moldam nossa vida emocional. A autora também é graduada em Administração de Empresas com especialização em Gestão de Pessoas.

Além de sua atuação como psicóloga e escritora de não-ficção, a autora também se dedica à escrita de romances, onde costura emoções, humor e reencontros com a mesma sensibilidade com que observa a alma feminina.

Débora é a criadora do **Método MSU - Mulher e Seu Universo**, que já impactou positivamente inúmeras mulheres no Brasil e em outros países. Este método inovador tem sido uma ferramenta essencial para ajudar mulheres a aprenderem a regular suas emoções, encontrar equilíbrio em suas vidas e libertarem-se dos medos e obstáculos que as prendem ou as impedem de avançar.

Por meio do projeto "Mulher e Seu Universo", Débora oferece mentoria exclusivamente dedicada às mulheres, criando um ambiente seguro e inspirador. Sua visão é proporcionar um espaço onde as mulheres possam explorar suas próprias jornadas de autodescoberta, superar desafios e abraçar seu poder interior.

RECURSOS PARA A SUA EVOLUÇÃO

Nossa jornada juntas não precisa terminar aqui. Se você se identificou com as questões e desafios discutidos neste livro, saiba que há recursos e serviços disponíveis para apoiá-la em seu processo de autenticidade.

✧ **Método Mulher e Seu Universo:**

Eleborado para orientar você na construção de uma vida mais significativa. Uma mentoria para mulheres que buscam aprimorar aspectos específicos de suas vidas, equipando-as com técnicas e conhecimentos especializados para conquistar seus objetivos de forma eficaz.

✧ **Terapia Online Individual:**

Com uma abordagem empática e baseada em suas necessidades, a terapia poderá ajudá-la a enfrentar desafios, compreender porque a ansiedade e os medos a impedem de viver uma vida mais leve. Ajudará também a desenvolver autoestima, fornecendo suporte emocional.

Visite nosso site para obter mais informações sobre nossos serviços e livros. Se quiser, envie-nos um e-mail para compartilhar suas histórias, E não esqueça de nos seguir nas redes sociais para se manter atualizada com as últimas novidades e inspirações.

contato@deborasabongi.com.br

www.deborasabongi.com.br

deborasabongi.oficial

LIVROS PARA ENRIQUECER SUA MENTE

AMOR, CAFÉS E CONFUSÕES

Débora Sabongi

Se você ama comédias românticas com humor inteligente, recomeços e aquele tipo de história que faz rir e suspirar na mesma página, este livro é para você. Primeiro volume da série A Doce Mistura do Amor — onde café, romance e caos andam sempre de mãos dadas.

GUIA DA MULHER PARA DIAS DIFÍCEIS

Débora Sabongi

Este guia é um convite elegante, provocativo e sensível para mulheres que, mesmo exaustas, continuam tentando ser tudo (para todos) e esquecem de si Combinando psicologia, humor inteligente e um olhar profundamente humano, a aturora nos conduz por reflexões potentes sobre nossas emoções.

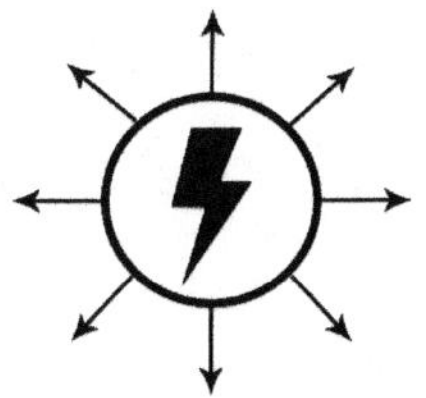